Geheimsache Pfote

Kerstin Schmale

Geheimsache Pfote

Eine Geschichte
zur Erstkommunion

Mit Illustrationen
von Cornelia Kurtz

Matthias-Grünewald-Verlag

Mix
Produktgruppe aus vorbildlich bewirtschafteten Wäldern, kontrollierten Herkünften und Recyclingholz oder -fasern
FSC
www.fsc.org Zert.-Nr. SGS-COC-003993
© 1996 Forest Stewardship Council

Für die Schwabenverlag AG ist Nachhaltigkeit ein wichtiger Maßstab ihres Handelns. Wir achten daher auf den Einsatz umweltschonender Ressourcen und Materialien.
Dieses Buch wurde auf FSC-zertifiziertem Papier gedruckt. FSC (Forest Stewardship Council) ist eine nicht staatliche, gemeinnützige Organisation, die sich für eine ökologische und sozial verantwortliche Nutzung der Wälder unserer Erde einsetzt.

e verlags gruppe engagement
Der Matthias-Grünewald-Verlag ist Mitglied der Verlagsgruppe engagement

www.gruenewaldverlag.de

Umschlagbild: Cornelia Kurtz
Gestaltung: Finken & Bumiller, Stuttgart
Gesamtherstellung: Matthias-Grünewald-Verlag, Ostfildern
Hergestellt in Deutschland
ISBN 978-3-7867-2793-4

Inhalt

Jo, Moritz, Felix und Balthasar

Jo

Hallo, Leute, ich bin Jo!
Also, genau genommen heiße ich ja Johanna, und noch genauer: Johanna Bremer.
Ich wohne in Wiesenthal.
Natürlich wohne ich dort nicht ganz alleine, klar. Meine Mutter und mein kleiner Bruder Sam wohnen mit mir zusammen im Ahornweg Nummer 7.
Mein kleiner Bruder ist vier Jahre alt, und mal so ganz unter uns: Er ist eine echte Nervensäge. Aber auch ganz süß – ab und zu. Eine süße Nervensäge, könnte man sagen.
Unser Papa wohnt am anderen Ende der Stadt, aber wir treffen uns mit ihm, wann immer wir wollen – und wenn er Zeit hat. Und am Wochenende natürlich auch.
Mein bester Freund heißt Moritz. Den kenne ich schon … ewig, glaube ich. Also wenigstens schon, seit wir im Kindergarten waren.
Meine Mama meint, unsere Freundschaft fing an, nachdem ich Moritz in den Arm gebissen hatte. Man konnte den Abdruck meiner Zähne noch am anderen

Tag sehen, stellt euch das mal vor! Zuvor hatte Moritz mich aber auch kräftig vors Schienbein getreten. Den blauen Fleck konnte man sogar noch eine ganze Woche lang sehen. Na ja, das ist ja auch nicht so wichtig. Auf jeden Fall hatte es uns nicht davon abgehalten, unzertrennliche Freunde zu werden. Auch wenn es zunächst ja nicht danach aussah. Aber so kann es gehen.

Wo Moritz ist, da bin ich auch. Wo ich bin, da ist auch Moritz. Ist doch klar, dass wir in die gleiche Klasse kamen, als die Schule anfing. Das ist vor etwas mehr als drei Jahren gewesen.

Jetzt sind wir also im dritten Schuljahr, bald kommen wir in die vierte Klasse.

Aber die Sache, von der ich euch eigentlich erzählen will, die ist uns kurz nach Ostern passiert. Zur Zeit unserer Erstkommunion.

Das werdet ihr mir vielleicht nicht glauben, aber es ist alles wahr.

Mama sagt zwar, dass ich manchmal eine blühende Fantasie habe, aber was ich euch erzähle, stimmt, Ehrenwort.

Moritz

Also, ich bin der Moritz Wachter. Ich wohne auch in Wiesenthal. Zusammen mit meinen Eltern und mei-

nen beiden älteren Brüdern. Wir haben ein schönes Haus und einen tollen Garten, ach ja, in der Birkenstraße 23, das ist gar nicht weit von Jo's Haus entfernt. Das ist auch gut so, weil wir uns immer treffen und was zusammen machen. Und da ist es doch praktisch, wenn der Weg nicht so weit ist.
Wisst ihr, die Jo ist meine beste Freundin.
Ich glaube, die hat mich mal getreten oder gebissen oder so, als wir im Kindergarten waren. Ich kann mich nicht so genau erinnern. Aber ich fand das damals ganz schön mutig von ihr. Weil ich doch viel stärker war als sie. Das bin ich übrigens immer noch. Sie macht das jetzt natürlich nicht mehr, das mit dem Treten oder Beißen.
Aber mutig ist sie immer noch. Darum ist sie auch so klasse. Die heult nicht immer gleich, wie andere Mädchen. Eigentlich nie. Nur wenn's nicht anders geht.
Mit der Jo kann man die verrücktesten Sachen erleben, ehrlich.

Was ihr noch so von mir wissen solltet?
Ich spiele unheimlich gerne Fußball. In der Schule kicken wir immer in der großen Pause. Das ist toll. Ich stehe am liebsten im Tor. Dann muss ich nicht so viel laufen.
Und ich kann mein Pausenbrot essen, wenn meine Mannschaft drüben beim Gegnertor ist. Das ist doch gut, oder?

Felix

Hallo! Ich heiße Felix Neumann.
Ich wohne in Wiesenthal, genauso wie Jo und Moritz. Aber die zwei kenne ich erst seit ein paar Monaten.
Wir haben uns bei der Erstkommunionvorbereitung kennengelernt.
Ich wohne in der Burgstraße 18 mit meinen Eltern und mit meinen zwei Geschwistern. Ich habe eine ältere Schwester und einen jüngeren Bruder.
Ich verrate euch was: Mein größter Wunsch ist ein eigener Hund. Aber meine Eltern wollen das nicht. Weil unsere Wohnung zu eng ist für eine Familie und einen Hund. Ich finde, das stimmt nicht, aber da kann ich nichts machen. Aber wenn ich groß bin, werde ich einen Hund haben, darauf könnt ihr euch verlassen!
Zum Glück haben wir einen Nachbarn, den Herrn Schneider, der hat einen Hund. Er heißt Balthasar. Er ist der beste Hund der Welt, ganz bestimmt!
Balthasar kann alles, er kann sogar Spuren riechen. Wir spielen manchmal Verstecken mit ihm.
Na ja, wegen Balthasar haben wir ja unser Abenteuer erlebt. Aber das kann Jo viel besser erzählen als ich.

Balthasar

Wau, wau, wau.

Ein Erinnerungsfoto

Die Frühsommersonne schien warm und einladend in das Kinderzimmer. Die Gardinen wehten fröhlich im Wind.
Jo lag bäuchlings auf ihrem Hochbett. Sie baumelte mit den Beinen in der Luft und betrachtete ein Foto, das in einem schönen Rahmen steckte. Es ist am Tag ihrer Erstkommunion aufgenommen worden.
Auf dem Bild waren vier Freunde zu sehen, vier ganz besondere Freunde.
Jo lächelte den vier Augenpaaren auf dem Bild zu. In ihr waren die Erlebnisse dieses Frühlings noch ganz lebendig. Das Bild zeigte Moritz, sie selbst, daneben Felix und vor ihnen saß natürlich Balthasar. Alle vier schauten etwas müde und zerzaust aus, aber vor allem sehr, sehr glücklich.
Ja, es war ein ganz besonderer Tag gewesen. Niemals würde sie ihn vergessen, ganz bestimmt! Den Tag nicht und vor allem die Zeit davor nicht. Eine Zeit voller Abenteuer. Eine Zeit, so verrückt, dass man glauben könnte, so etwas gäbe es nur in Büchern.
Jo strich mit dem Zeigefinger ganz vorsichtig über das Bild. Beinahe wäre ja auch noch die ganze Erstkommunion ins Wasser gefallen – und das alles wegen Balthasar. Es hatte ziemlich viel Ärger gegeben, aber am Ende ging alles gut aus – zum Glück.

Rrrrrr. Rrrrr. Rrrrr. – Wie von weit her tönte das Klingeln des Telefons.
Jo schreckte aus ihren Träumen auf.
»Jo! Johanna! Geh du doch bitte mal ans Telefon, ich kann gerade nicht!«, rief ihre Mutter.
Rrrr. Rrrr. –
Jo legte das Bild auf ihr Kopfkissen und streckte sich. Von der Decke hing an einem Haken ein dickes Tau herunter. Sie fasste es und schwang sich daran von ihrem Bett. Mit einem kleinen Plumps landete sie auf dem Fußboden. Dann war sie schon an der Zimmertür und lief durch den Wohnungsflur.
Rrrr, Rrrr. –
»Ich komm ja schon!«, murmelte sie.
»Johanna Bremer!«, sagte sie ins Telefon.
»Hei, Jo!«, tönte es ihr entgegen. »Ich bin's, Moritz! Was machst du gerade?«
»Hei, Moritz. Wie geht's? Ich mach gerade eigentlich nichts Besonderes. Und du?« Sie gähnte.
»Ich wollte dich fragen, ob du Lust hast, mit mir zu Felix und Balthasar zu gehen?«
Mit einem Schlag war Jo hellwach. »Ob ich Lust habe? Blöde Frage! Klar habe ich Lust! Warte, ich frage nur noch eben schnell meine Ma! Bleib dran, ich bin gleich wieder da!«
Sie legte das Telefon ab und rannte in das Arbeitszimmer ihrer Mutter.
»Na, wer ist dran?«, fragte ihre Mutter und sah zu Jo hinüber, die in der Tür stand.
»Es ist Moritz. Er geht zu Felix und Balthasar! Darf ich mitgehen, bitte!?«, bettelte sie.

Jo's Mutter nickte. »Ist schon in Ordnung, geh nur. Aber um sechs Uhr gibt es hier Abendessen, da hätte ich gerne meine Tochter wieder am Tisch sitzen!«
Jo grinste. »Danke, Ma! Bis sechs Uhr dann.« Sie gab ihrer Mutter einen Kuss.
»Grüß Moritz und Felix von mir – und natürlich Balthasar! Nimm ihm etwas von der Fleischwurst mit, die im Kühlschrank liegt!«
Jo nickte und flitzte zum Telefon.
»Moritz, bist du noch da?«, rief sie.
»Nein, nur noch sein Geist! Moritz musste zu lange auf deine Rückkehr warten!«, antwortete Moritz mit dumpfer Stimme.
»Witzbold!«, dachte Jo fröhlich. »Also dann, du ehrwürdiger Geist meines Freundes Moritz«, erwiderte Jo mit feierlicher Stimme, »bestell ihm, dass sich Johanna Bremer jetzt auf ihr Fahrrad schwingt und zu ihm rübersaust. Wenn er inzwischen seinen Drahtesel aus der Garage holt, könnten wir gleich starten.«
»Wird gemacht!«, war die dumpfe Antwort der Geisterstimme.

Jo legte auf, lief in die Küche und nahm die Fleischwurst aus dem Kühlschrank. Sie schnitt ein dickes Stück ab und verstaute es im Rucksack. Eine Packung Kekse wanderte schließlich auch noch hinein. Ihre Mutter würde schon nichts dagegen haben.

Im Flur zog sie sich ihre Jacke an und setzte den Rucksack auf. Dann nahm sie den Fahrradschlüssel und krempelte sich ihre Hosenbeine hoch. Sie schaute kurz in den Spiegel an der Garderobe, streckte ihrem Spiegelbild gut gelaunt die Zunge heraus und schnitt sich selber zum Spaß eine Grimasse.
»Tschüss, Ma! Ich hau jetzt ab!«
»Halt, Jo! Eines noch: Dein Papa hat heute angerufen. Er holt euch am Freitagnachmittag um vier Uhr hier ab. Er fährt mit dir und Sammi zu Omi. Am besten, du hast deine Hausaufgaben bis dahin erledigt.« –
»Klasse! Ich freu mich!«
»Tschüss, Jo, viel Spaß, und sei bitte pünktlich um sechs zurück!«
»Ja, versprochen!« Jo zog die Wohnungstür hinter sich zu. Hopp, hopp, hopp, sie hüpfte die Treppe hinunter – die zwei letzten Stufen nahm sie, wie immer, bei jedem Treppenabsatz auf einmal.
Im Kellergang roch es feucht und muffig. Sie schaltete das Licht ein, dann schloss sie die Tür zum Fahrradkeller auf und hob ihr Rad vom Fahrradständer. Puh, wie das aussah! Da klebten Lehm und Gras am Schutzblech, der Rahmen war voller Schlammspritzer. War das Rad wirklich einmal rot gewesen? Die Farbe konnte man jetzt nur mit viel gutem Willen erkennen.
»Ich sollte es dringend putzen!«, dachte sie. Dann schob sie ihr Rad aus dem Fahrradkeller hinaus und ließ die Tür hinter sich ins Schloss fallen.
Jo musste blinzeln, als sie in die warme Sonne hinaustrat.

Sie schob ihr Rad ein Stück, dann schwang sie sich auf den Sattel und fuhr an.
»Es war ja eigentlich alles wegen Balthasar. Wenn er nicht gewesen wäre …«, dachte sie, als sie die Straße entlangfuhr. An der nächsten Straßenecke bog sie nach rechts ab, Moritz wohnte nur ein paar Straßen entfernt.
»Mit Balthasar hat es angefangen – und mit der Erstkommunion.«
Dann trat sie fester in die Pedalen und fuhr zu Moritz, der mit seinem Fahrrad schon vor seinem Haus auf sie wartete.

Wie alles begann

Jo und Moritz waren eigentlich schon immer gute Freunde gewesen. Sie gingen in die gleiche Klasse. Als im dritten Schuljahr die Erstkommunionvorbereitung näher rückte, stand für sie beide fest, dass sie gemeinsam in einer Gruppe sein wollten.

»Moritz, hast du auch den Brief von der Kirchengemeinde bekommen? Es ging um die Anmeldung zur Erstkommunionvorbereitung«, fragte ihn Jo, als sie im September von der Schule nach Hause liefen.

»Klar, habe ich.« Moritz schien aber nicht sehr begeistert zu sein.

Jo fragte eifrig weiter: »Hast du das auch gelesen: Man darf zwei Kinder aufschreiben, mit denen man in eine Gruppe gehen will. Ich habe dich aufgeschrieben und Sophia aus unserer Klasse.«

Moritz nickte. »Ich habe dich natürlich auch hingeschrieben. Und Sven. Hoffentlich klappt es, dass wir zusammen in eine Gruppe kommen. Sonst habe ich gar keine Lust, da hinzugehen. Überhaupt bin ich mal gespannt, was die da so mit uns machen. Ich kann mir das noch gar nicht richtig vorstellen.«

»Mach dir da mal keine Sorgen«, lachte Jo. »Meine Cousine ging letztes Jahr zur Erstkommunion. Sie hat erzählt, dass es ganz toll war in den Gruppenstunden. Die haben Spiele gemacht und Geschichten gehört. Manchmal haben sie auch was gebastelt.«

»Na ja, ich lass mich einfach mal überraschen«, meinte Moritz und zuckte mit den Achseln. »Hauptsache, wir kommen zusammen in eine Gruppe. Ich hasse es nämlich, mit irgendwelchen Langweilern oder Angebern zusammen sein zu müssen. Oder mit welchen, die ich überhaupt nicht kenne, das kann ich erst recht nicht leiden.«
»Ich glaube, da machst du dir zu viele Gedanken!«, antwortete Jo gelassen. »Warte es mal ab, das wird bestimmt richtig gut!«
Dann kamen sie an Moritz' Elternhaus an. »Kommst du heute Nachmittag zu mir?«, fragte Moritz. Jo nickte und lief das letzte Stück bis zu ihrem Haus alleine weiter. Auch sie war gespannt, wie es in den Gruppenstunden werden würde. Aber im Gegensatz zu Moritz machte sie sich nicht solche Sorgen darum. Insgeheim musste sie sogar etwas über ihn lächeln. Sie lernte gerne neue Kinder kennen, das machte ihr nichts aus.

Die Zeit verging. Schließlich kam der Tag, an dem sich ihre Gruppe das erste Mal treffen sollte. Es hatte geklappt, wie sie es sich gewünscht hatten: Sie waren in eine Gruppe gekommen!
Die Mutter von Moritz hatte beide zum Gemeindehaus gebracht. Auf dem Hinweg überlegten die Kinder, wer wohl alles in ihrer Gruppe sein würde. Von Sophia und Sven wussten sie bereits, dass sie heute auch ihre erste Gruppenstunde hatten. Ob sie wohl noch mehr Kinder kennen würden? Teils angespannt, teils neugierig betraten sie das Gemeindehaus.

Frau Hauser, das war Sophias Mutter, begrüßte sie. Sie erzählte ihnen, dass sie zusammen mit Frau Junger die Gruppenstunden leiten würde.
Johanna und Moritz waren erleichtert. Immerhin waren zwei der Kinder aus ihrer Klasse. Die anderen Kinder kannten sie kaum. Es waren Maja, Felix, Philipp und Jan. Sie gingen in ihre Parallelklasse und so hatten sie sich immerhin schon mal auf dem Schulhof gesehen. In der Pause traten die Jungen manchmal gegeneinander im Fußball an. Alle waren sichtlich erleichtert, bekannte Gesichter zu sehen. Philipp, Jan, Sven und Moritz hatten schon oft gegeneinander gekickt. Nur Felix spielte keinen Fußball. Er war etwas schüchtern und hielt sich lieber im Hintergrund.
Moritz hatte schon befürchtet, dass es langweilig werden könnte. Aber er stellte bald fest, dass er sich diese Sorgen völlig zu Unrecht gemacht hatte. Es machte viel Spaß, gemeinsam zu spielen und zu singen, eine Geschichte zu hören und miteinander darüber zu reden. Dabei lernten sich alle Kinder rasch besser kennen. Bisher waren die anderen aus der Parallelklasse nur Gegner im Fußball gewesen. Hier machten sie nun alles gemeinsam.

Auf dem Heimweg sprachen Jo und Moritz über die Gruppenstunde.
»Wie findest du eigentlich Felix?«, wollte Moritz von Jo wissen.
»Felix? Ich weiß nicht. Er sagt nicht viel. Wie kommst du auf den?«, fragte Jo zurück.

»Ach, nur so. Er kickt nie mit, ist dir das schon aufgefallen? Und er ist immer so still.«
»Ja, das stimmt. Aber er ist wenigstens kein Angeber«, stellte Jo fest.
»Aber so langweilig. Oder hast du von ihm schon einmal etwas Interessantes gehört?«, entgegnete Moritz.
»Vielleicht erzählt er nicht so gerne etwas, wenn viele dabei sind. Das kann doch sein«, meinte Jo. Sie fand zwar auch, dass Felix sehr still sei, aber sie kam gut mit ihm aus.
Jo hatte mit ihrer Vermutung gar nicht so Unrecht. Felix konnte es nicht leiden, im Mittelpunkt zu stehen. Er machte sich häufig Gedanken über alles Mögliche, aber er sprach nicht gerne darüber. Manchmal war er so still, dass man beinahe vergessen konnte, dass er überhaupt da war. Aber das änderte sich plötzlich, als sie in einer Gruppenstunde über etwas sprachen, das ihn wirklich sehr interessierte.

Jede ihrer Stunden hatte ein eigenes Thema. In der zweiten Stunde sprachen sie über das Thema: einander helfen.
»Wir können auf verschiedene Weise anderen helfen«, meinte Frau Hauser. »Fallen euch Beispiele dafür ein?«
»Ich soll meiner Mutter immer in der Küche helfen – aber manchmal habe ich dazu überhaupt keine Lust!«, erzählte Sven. »Immer dieses ›Spülmaschine ausräumen‹ …«
Die anderen seufzten und nickten zustimmend. Das war ihnen auch schon oft so gegangen. Sie erzählten

sich von Dingen, bei denen sie gerne halfen, und von solchen, die sie lieber bleiben ließen. Beim Kuchenbacken halfen alle gerne, keine Frage – aber wenn es darum ging, die Straße zu fegen, sah es schon anders aus. Es gab also Unterschiede.
Da meldete sich Felix zu Wort: »Ich helfe meinem Nachbarn gern«, sagte er. »Er hat einen Hund. Ich darf ihn ausführen oder im Garten mit ihm spielen und ihm sein Fressen geben.«
Die anderen schauten ihn an. Felix hatte sich bisher an den Gesprächen kaum beteiligt. Aber was er jetzt erzählte, klang interessant. Das war etwas anderes, als im Haushalt zu helfen.
»Aber was ist daran ›helfen‹, wenn du etwas machst, was dir Spaß macht?«, wollte eines der Kinder wissen.
Felix erklärte es ihnen. »Unser Nachbar, der Herr Schneider, kann nicht mehr so lange Strecken laufen und Balthasar muss doch einmal am Tag eine längere Runde drehen oder mal im Garten herumtoben dürfen. Das mache ich dann meistens. Ich finde schon, dass ich dann helfe. Es ist gut für Balthasar und für Herrn Schneider«, erzählte Felix weiter. »Und natürlich auch für mich«, fügte er hinzu.
Jetzt waren alle neugierig geworden. Ja, das konnten sie sich vorstellen, so hilft wohl jeder gerne.
»Gehorcht er dir denn auch?«, wollten sie wissen. – »Wie groß ist er denn?« – »Mensch, Felix, das ist ja beinahe so, als wenn es dein Hund wäre, oder?«
Und dann fing Felix an. Seine Augen strahlten richtig, als er den anderen von Balthasar, dem wuscheligen Mischlingshund, erzählte. Von Balthasar, der irgend-

wie auch sein bester Freund ist. Die anderen Kinder hörten gespannt zu.
»Er ist eine echte Spürnase!«, berichtete Felix stolz. »Ich übe fast jeden Tag mit ihm. Ich verstecke kleine Wurststückchen im Garten, die er dann finden muss. Herr Schneider hat es mir gezeigt. Als Balthasar ein Jahr alt war, hatte er angefangen, mit ihm zu trainieren. Balthasar ist klasse. Und er gehorcht aufs Wort.«
»Lassen dich denn deine Eltern wirklich alleine mit dem Hund laufen?«, wollte Sven wissen.
»Klar«, antwortete Felix. »Zuerst haben sie auch gemeint, dass ich dafür noch zu jung sei. Sie sind ein paar Mal mitgelaufen, jetzt darf ich auch alleine mit Balthasar gehen. Balthasar ist ja schon ein etwas älterer Hund. Er ist sechs Jahre alt, da ist ein Hund nicht mehr so wild.«
»Meine Eltern finden, dass ich noch zu jung bin, um einen Hund zu haben«, meinte Moritz niedergeschlagen. »Du hast es wirklich gut, Felix!«
Felix nickte. Das kannte er nur zu gut. Auch seine Eltern wollten von einem eigenen Hund nichts hören. Wie oft hatte er ihnen schon mit diesem Wunsch in den Ohren gelegen. Aber für sie kam es nicht infrage.
»Ich kenne das, Moritz«, sagte er. »Meine Eltern wollen das auch nicht. ›Du hast ja Balthasar …‹, sagen sie dann immer. Na ja. Das stimmt ja auch irgendwie, aber er ist eben doch nicht wirklich mein Hund. Auch wenn ich immer zu ihm hingehen kann.«
»Kann ich mal mitgehen, wenn du mit ihm läufst?«, mischte sich Jo plötzlich ein. »Ich würde auch gerne ein Haustier haben, aber unsere Wohnung ist zu klein

und meine Mutter hat keine Lust, sich auch noch um ein Tier zu kümmern, wir Kinder reichen ihr, sagt sie immer ...«
»Klar doch!«, meinte Felix. »Du kannst sicherlich mal mitkommen.«

Dann hörten sie noch eine Geschichte, in der es auch ums Helfen ging. Ein Mann war von Räubern überfallen worden. Halbtot und ausgeraubt hatten sie ihn am Straßenrand liegen lassen. Zwei vornehme Männer waren vorübergegangen, ohne ihm zu helfen. Der dritte hob ihn schließlich auf seinen Esel und brachte ihn in ein Gasthaus. Er bezahlte sogar dafür, dass der Wirt den Verletzten gut versorgte, bis er wieder gesund war. Jesus hatte diese Geschichte einmal erzählt: das Gleichnis vom barmherzigen Samariter.
Moritz kannte die Geschichte. Eigentlich mochte er sie gerne. Aber heute war er nicht ganz bei der Sache. Immer wieder musste er an Felix denken und an den Hund Balthasar.
»Ein komischer Name für einen Hund!«, schoss es ihm durch den Kopf. »Wenn ich einen Hund hätte, würde ich ihn anders nennen. Vielleicht Rex?« Vom Rest der Gruppenstunde bekam er nicht mehr viel mit.
»He, Moritz, wir singen unser Abschlusslied!«, flüsterte ihm Jo zu und stieß ihn unsanft in die Rippen. Moritz sah sie erstaunt an. Wie? War die Stunde wirklich schon vorüber? Beim Anziehen verabredete sich Jo mit Felix für den übernächsten Nachmittag.

Auf dem Nachhauseweg war Moritz noch immer ganz in Gedanken versunken. »Ob ich wohl auch mal mitgehen kann?«, fragte er Jo.
»Mitgehen? Wohin denn?« Jo verstand ihn nicht gleich.
»Wenn du zu Felix gehst. Du weißt schon, wegen Balthasar«, meinte Moritz.
»Ich dachte, du findest Felix langweilig?«
»Na ja, da wusste ich ja nicht, dass er auch anders sein kann. – Meinst du, er hat was dagegen, wenn ich mitkomme?«
»Weißt du was, frag ihn doch einfach selbst, morgen in der Schule, da sehen wir ihn sicher auf dem Schulhof«, gab Jo zurück.

Am übernächsten Nachmittag holte Moritz Jo ab und gemeinsam fuhren sie auf ihren Rädern zu Felix. Er erwartete sie schon vor dem Haus. Die beiden Freunde schlossen ihre Räder ab. Sie folgten Felix, der bei seinem Nachbarn klingelte. Das Erste, was sie hörten, war ein übermütiges Hundegebell.
Gespannt warteten Jo und Moritz darauf, dass die Tür geöffnet wurde. Dann konnten sie Schritte hören und Herr Schneider machte die Tür auf. Hinter ihm stürmte ein wuseliges Fellbündel heran und drängte sich an seinem Herrchen vorbei. Es schlüpfte durch die Haustür, um gleich darauf seinen Freund Felix stürmisch zu begrüßen. Jo und Moritz wussten nicht so recht, ob sie sich erschrecken sollten oder nicht. Balthasar sprang um sie herum, immer noch übermütig bellend, mit wedelndem Schwanz.

»Hallo, Felix, na, das nenne ich eine Begrüßung!«, lachte Herr Schneider. »Wie ich sehe, hast du Freunde mitgebracht!«
»Guten Tag, Herr Schneider, das sind Jo und Moritz. Dürfen wir Balthasar ausführen?«
»Schön, dass ihr mit Balthasar rausgehen wollt«, freute sich Herr Schneider. »Mir macht mein Bein heute wieder sehr zu schaffen, ich kann kaum gehen. Balthasar wird sich freuen. Hier habt ihr die Leine.«
Felix nahm die Hundeleine, dann gab er Balthasar ein Zeichen mit der Hand.
»Sitz!«, sagte er leise zu Balthasar. Der Hund spitzte die Ohren und legte den Kopf schief. Er blinzelte Felix durch seine Fellfransen hindurch, die ihm über die Augen hingen, aufmerksam an. Dann setzte er sich vor den Jungen auf den Boden. Jo und Moritz waren beeindruckt, der Hund gehorchte Felix aufs Wort. Jetzt hielt er ganz still, damit Felix die Leine an dem Halsband einklicken konnte.
»Auf geht's!«, rief Felix und Balthasar sprang auf, stellte sich vor die Kinder und wedelte erwartungsfroh mit dem Schwanz.
»Fuß!«, ermahnte ihn Felix leise – und Balthasar stellte sich neben Felix auf. Dann gingen die drei Kinder los.
Balthasar freute sich, dass sein Freund Felix gekommen war. Er war übermütig und zum Spielen aufgelegt. Immer wieder versuchte er, an ihm hochzuspringen und mit seiner Schnauze nach der Leine zu schnappen. Aber genauso aufmerksam achtete er darauf, dass alle zusammenblieben. Einmal musste Jo

zurückbleiben, weil sie einen Stein im Schuh hatte. Da blieb auch Balthasar stehen und wartete, bis Jo fertig war und wieder zu ihnen kam.
»Balthasar ist zwar ein Mischlingshund«, erzählte Felix, »aber Herr Schneider meint, in ihm steckt viel von einem Hütehund. Er will immer aufpassen, ob auch alle da sind!«
Da bellte Balthasar einmal, wie zur Bestätigung. Er sprang an Jo hoch, die ihn anlachte und hinter den Ohren kraulte.
Es war lustig, mit Balthasar spazieren zu gehen. Neugierig beschnupperte er eine Schnecke, die sich daraufhin beleidigt in ihr Haus zurückzog. Moritz und Jo stellten Felix eine Menge Fragen über Balthasar, die er ihnen gerne beantwortete.
Warum bleibt Balthasar so oft stehen, um an den Hecken und am Wegrand zu schnuppern? – Felix erklärte ihnen, dass ein Hund dort jede Menge interessanter Informationen sammeln kann. »Er kann genau riechen, welche Hunde vor ihm hier waren. Für Balthasar ist es wie Zeitungslesen, wenn er spazieren geht.«
»Schade, dass wir Menschen diese Spuren nicht lesen können!«, bedauerte Jo.
»Da hast du recht!« Felix nickte. »Manchmal wird es mir zu viel, wenn er an jeder Ecke herumschnüffeln muss. Dann rufe ich und ziehe ihn weiter. Aber ich glaube, er denkt dann: Mann, ist der Felix blöde, hier roch es doch gerade so spannend …«
»Ja, stellt euch mal vor, wenn wir auf dem Weg zur Schule alle Geruchsinformationen lesen würden,

dann käme ich bestimmt jeden Tag zu spät!«, lachte Moritz.
Nach kurzer Zeit hatten sie den Stadtrand erreicht. Jetzt breiteten sich vor ihnen weite Wiesen und Felder aus, dahinter lag in der Ferne der Wald. Felix gab Balthasar ein Zeichen und der Hund setzte sich. Nun klinkte der Junge die Leine am Halsband aus.
Dann nahm er einen Gummireifen aus seiner Jackentasche und warf ihn weit über eine Wiese. Balthasar blieb aufmerksam sitzen, er spitzte die Ohren.
»Jetzt! Hol ihn!«, forderte Felix den Hund auf. Da schoss Balthasar los wie eine Rakete. Seine Ohren flatterten im Wind. Er rannte über die Wiese und kam bald mit dem Gummireifen in der Schnauze zurück. Er legte ihn vor Felix ab, der schon mit einer kleinen Belohnung in der Hand auf ihn gewartet hatte. Abwechselnd warfen die Kinder den Ring und Balthasar sprang fröhlich über die Wiesen und holte ihn zurück. So verging der Nachmittag wie im Fluge.

Nach fast zwei Stunden kamen die drei Kinder mit Balthasar wieder beim Haus von Herrn Schneider an. Sie klingelten an der Tür.
»Na, da habt ihr aber eine ausgiebige Runde gedreht, ihr vier!«, lachte er sie an. »Sicher seid ihr hungrig und durstig! Habt ihr noch etwas Zeit?«
Die Kinder nickten.
»Na, dann kommt. Ich habe schon Kekse und Saft auf der Terrasse bereitgestellt und Balthasar bekommt auch was Gutes!«

Das tat gut! Auch Balthasar fiel gleich über seinen Napf mit frischem Wasser her. Dann legte er sich unter den Gartentisch. Herr Schneider freute sich, dass sein Hund so viel Spaß gehabt hatte.

»Wie alt war Balthasar eigentlich, als er zu Ihnen kam?«, wollte Moritz wissen.

Da erzählte ihnen Herr Schneider, wie er Balthasar als kleinen wuscheligen Hundewelpen bekommen hatte.

»Er sah aus wie ein Wollknäuel mit einer schwarzen nassen Stupsschnauze und wachen schwarzen Augen. Er kam zu mir, als er drei Monate alt war.

Ein Freund von mir hatte ihn eigentlich für seine Familie gekauft, aber dann stellte sich heraus, dass eines der Kinder eine Tierhaarallergie hatte, sodass sie den Hund nicht behalten konnten. Es war sehr schwer für die ganze Familie, Balthasar wieder hergeben zu müssen.«

Felix nickte. »Das kann ich mir sehr gut vorstellen. Ich wäre auch todtraurig, wenn ich Balthasar nicht mehr sehen dürfte! Er ist einfach der beste Hund der Welt!«

Balthasar hatte die ganze Zeit mit halbgeschlossenen Augen unter dem Tisch gelegen und gedöst. Jetzt hob er den Kopf. Hier ging es doch ganz offensichtlich um ihn! Er räkelte sich und kam unter dem Tisch hervor. Dann legte er seine Schnauze auf Felix' Bein. Er schaute ihn mit seinen großen schwarzen Augen treuherzig an und jaulte leise. Da mussten alle lachen. Felix kraulte ihn hinter den Ohren.

»Du Schlingel! Du weißt genau, wenn wir von dir reden, stimmt's?« Herr Schneider erzählte weiter.

Balthasar war es unter dem Tisch inzwischen langweilig geworden. Da sah er die Schuhbänder von Jo's Turnschuhen. Vorsichtig nahm er einen Zipfel davon zwischen seine Schneidezähne und zog daran. Erst bemerkte Jo gar nichts, aber dann spürte sie ein kleines Rucken und Zucken an ihren Schuhen. Sie schaute unter den Tisch und sah Balthasar, der mit Unschuldsmiene und schief gelegtem Kopf die Schnürbänder in der Schnauze hatte.
»He, du!«, lachte Jo, »lass das! Das sind meine Schuhe!«
Da schauten alle unter den Tisch und mussten lachen.
»Ja, dieser Kerl!«, schmunzelte Herr Schneider. »Komm her, Balthasar, wir gehen rein und holen deinen Nageknochen, dann hast du was zu tun!«
Dann erzählte Herr Schneider weiter. »Am Anfang war er natürlich ein richtig verspieltes Hundekind. Wenn ich einmal nicht aufpasste – und das kam leider hin und wieder vor –, dann fand er wieder irgendetwas, was er anstellen konnte. Einmal habe ich ihn dabei erwischt, wie er ganz versonnen mein Wohnzimmerregal angenagt hat. Und immer, wenn Balthasar unbeobachtet war, sprang er aufs Sofa und wühlte in den Sofakissen herum. Er musste viel lernen – aber ich auch. Er versuchte natürlich auch das Essen vom Tisch zu stibitzen. Da musste er lernen, dass das verboten ist, und ich musste lernen, ihn nicht in Versuchung zu führen. Seitdem stelle ich keinen Teller mit Wurstscheiben auf den Tisch, wenn ich mich nicht gleich darauf auch zum Essen hinsetze.«
Balthasar hatte während des letzten Teils der Erzählung seinen Knochen liegen gelassen, den Kopf geho-

ben und die Ohren gespitzt. Jetzt setzte er sich auf, legte den Kopf schief und blinzelte zu den Kindern hinüber. Dann gähnte er, als wollte er sagen: »Ach, so schlimm bin ich nun auch wieder nicht!« Wieder mussten alle lachen.

Als Moritz und Jo am späten Nachmittag wieder nach Hause radelten, waren sie sich einig: Das war ein guter Tag. Sogar Felix war ganz anders, wenn er mit Balthasar zusammen war, das musste Moritz zugeben. Dann erzählte er viel und war überhaupt nicht schüchtern oder gar langweilig – eigentlich sogar richtig nett.
»Ihr dürft kommen, sooft ihr wollt!«, hatte Herr Schneider zum Abschied gesagt. »Ich freue mich, wenn Balthasar jemanden hat, mit dem er herumtoben kann. Und wenn ihr zu dritt seid, macht es euch sicherlich auch mehr Spaß!«

Seit diesem Tag gingen sie häufig mit, wenn Felix Balthasar ausführte. Mal waren sie alle miteinander unterwegs, oder nur Moritz oder Jo begleitete Felix. So hatten sich vier neue Freunde gefunden.

Gute Aussichten fürs Wochenende

Einige Zeit später, Frau Bremer stand gerade in der Küche und machte sich einen Kaffee, rief sie ihre Tochter zu sich.

»Jo, komm doch bitte mal. Am nächsten Samstag würde ich gerne meine alte Freundin Lisa besuchen. Sammi nehme ich mit. Lisas Sohn Jan ist im gleichen Alter, das passt gut. Aber für dich gibt es dort keinen Spielkameraden.« Jo nickte, sie mochte Lisa, Mamas Freundin, gerne. Aber um ganz ehrlich zu sein, hatte sie keine große Lust, mit zwei vierjährigen Knilchen das Wochenende zu verbringen.

»Das stimmt, Mama. Sam ist ja meistens ganz süß, aber das reicht mir für die Woche, da muss ich nicht am Wochenende ein Doppelpack haben, oder?«

Ihre Mutter musste lachen. So ungefähr hatte sie sich die Antwort ihrer Tochter vorgestellt.

»Keine Sorge, mein Schatz! Ich hab was Besseres für dich als ein Doppelpack kleiner Nervensägen! Ich habe Laura gefragt, ob sie herkommen mag, um das Wochenende mit dir zu verbringen.«

Laura war Mamas jüngere Schwester, also Jo's Tante. Jo fand, dass sie absolut klasse war. Und nicht nur deswegen, weil sie auch noch ihre Patentante war. Mit Laura konnte man nämlich über alles reden, auch über

die Dinge, über die man mit Mama oder Papa nicht reden wollte.
»Und«, wollte Jo sofort wissen, »was hat sie gesagt, hat sie Zeit?«
»Sie kommt gerne. Sie meinte, es sei sowieso mal wieder dringend Zeit für ein Wochenende mit dir! Ich soll dich schön grüßen, hat sie gesagt, und du könntest ja schon mal Pläne schmieden.«
»Spitze!«, jubelte Jo und fiel ihrer Mutter vor Freude um den Hals. »Bringt sie Momo mit?«
Momo, das war Lauras Hund. Eine liebe, schwarze Hundedame.
»Klar doch«, nickte ihre Mutter, »darauf kannst du dich verlassen!«
Jo freute sich, das waren wirklich blendende Aussichten für das Wochenende.
»Laura und ich werden es uns schön machen. Wenn nur schon Samstag wäre!«
Ja, zu dumm! Aber es war erst Mittwoch, daran gab es nichts zu ändern. Die Tage würden sich hinziehen wie Kaugummi. Das wusste Jo aus Erfahrung.
»Wie wäre es, wenn du schon mal anfangen würdest, das Chaos in deinem Zimmer zu beseitigen?«, schlug ihre Mutter vor.
– Uff. Jo musste tief durchatmen. Da gab es tatsächlich noch einiges zu tun. Aber mit den Aussichten auf ein schönes Wochenende würde auch das schneller klappen als sonst.
»Dabei kannst du doch schon mal anfangen zu überlegen, was du mit Laura und Momo unternehmen könntest«, schlug ihre Mutter vor.

Jo nickte. Am Aufräumen führte wohl kein Weg vorbei. »Na dann, frisch ans Werk!«, ermutigte sie sich selbst, als sie in ihr Zimmer ging.

»Also los. – Was sollen wir unternehmen? Kino, vielleicht?«, dachte sie, als sie ihr Bücherregal ansah und feststellen musste, dass die meisten Bücher irgendwie kreuz und quer darin herumlagen. Sie nahm die Bücher heraus und stellte sie wieder ordentlich nebeneinander auf das Regalbrett.

»Oder sollen wir am Abend eine DVD anschauen?«, überlegt sie weiter.

Auf dem Schreibtisch waren die Farbstifte verstreut, sie sammelte sie ein und steckte sie in ihr Mäppchen. Ihr Zeichenblock lag offen da, sie hatte versucht, ein Bild von Balthasar zu malen, aber das war schwieriger, als sie gedacht hatte.

»Vielleicht konnte Laura ja einen neuen Film ausleihen?« Sie würde sie gleich heute Abend anrufen und fragen, ob sie etwas Gutes mitbringen könnte. »Die wilden Hühner« hatten sie auch zusammen angeschaut, das war richtig gut gewesen! »Aber was machen wir am Nachmittag?« Mitten in ihre Grübeleien hinein klopfte es an ihrer Zimmertür.

Die Mutter steckte den Kopf zur Tür rein. »Ah, ich sehe, du machst schon mal klar Schiff! Sehr gut. Vergiss nicht, auch einen scharfen Blick unter deinen Schreibtisch zu werfen ... Irgendwie triffst du den Papierkorb immer nur in einem von zwei Fällen, habe ich den Eindruck.« Sie lachte ihre Tochter an und zwinkerte ihr zu.

»Ja, da muss ich wohl noch etwas üben!«, seufzte Jo und runzelte die Stirn. Gut, dass man mit ihrer Mama über

so etwas Scherze machen konnte. Aber sie meinte es trotzdem ernst, das wusste Jo. Und wenn sie etwas dreimal sagen musste, konnte es auch richtig Ärger geben. »Übrigens hat dein Freund Felix gerade angerufen, er möchte wissen, ob du morgen nach der Gruppenstunde mit zu ihm kommst, damit ihr Balthasar ausführen könnt. Von mir aus, habe ich gesagt, geht es klar, wenn du deine Hausaufgaben vorher gemacht hast.«
»Danke, Mama!«, rief Jo ihrer Mutter hinterher, die schon wieder aus dem Zimmer gegangen war.
Felix und Balthasar? Das war die Idee! Nicht nur für den nächsten Tag, auch für das Wochenende! Klar, warum eigentlich nicht? Laura würde sicher nichts dagegen haben. »Herrn Schneider sehe ich ja morgen ohnehin, da kann ich ihn fragen, ob es ihm recht ist«, überlegte Jo. Das müsste doch sehr lustig sein, mit allen auf den Wiesen herumzutoben!

Endlich war es Samstagmittag.
Jo wartete schon seit einer ganzen Weile auf der Straße vor dem Haus auf Laura. Immer wieder schaute sie auf ihre Uhr. Jo seufzte. »Wie kommt das nur?«, grübelte sie. »Mal fliegt die Zeit nur so dahin. Dann wieder kriechen die Minuten wie Schnecken. Wenn ich zum Beispiel beim Zahnarzt sitze, dann vergeht die Zeit überhaupt nicht. Mir ist übel vor Anspannung und ich kann mir nicht vorstellen, dass an diesem Tag noch irgendetwas Erfreuliches passiert. Aber wenn ich im Schwimmbad bin, dann rast die Zeit nur so dahin. Kaum bin ich im Wasser, schon heißt es: Die Badezeit ist vorbei, bitte raus aus dem Wasser! Das mit der Zeit ist wirklich komisch.«

Hops. Jo sprang von der Mauer herunter und hüpfte auf den Pflastersteinen hin und her. Zweimal auf dem rechten Bein vorwärts, dann ein gespreizter Sprung mit beiden Beinen, dann wieder zweimal mit rechts und umdrehen in der Luft.
Jedes Mal, wenn ein Auto um die Straßenecke bog, hielt sie inne und spähte in die Richtung der Einmündung. »Wo bleibt sie denn nur?«, dachte sie ungeduldig. »Sie wird mich doch nicht vergessen haben?«
Da endlich bog das kleine rote Auto ihrer Tante um die Straßenecke. Jo winkte aufgeregt. Laura parkte ihr Auto vor dem Haus und stieg aus. Sofort drängelte sich ihre schwarze Hündin Momo an ihr vorbei und aus dem Auto heraus, um Jo zu begrüßen. Sie sprang um sie herum und bellte freudig.
»Na, meine Große!« Laura umarmte Jo. »Schön, dass ihr gekommen seid!«, jubelte Jo. »Ich habe schon dein Bett frisch gemacht und sogar mein Zimmer aufgeräumt!«, sprudelte sie hervor.
»Alle Achtung, Mädel!« Laura zwinkerte ihr anerkennend zu. »Da hast du dich aber mächtig ins Zeug gelegt! Sieh dir nur Momo an! Im Auto habe ich zu ihr gesagt: Pass auf, Momo, wir fahren zu Jo. Sie hat mich ganz aufmerksam angesehen und mit dem Schwanz gewedelt. Ich glaube, sie hat mich genau verstanden. – Na, dann wollen wir mal raufgehen, oder? Deine Mutter ist ja sicher noch da.« Jo und Laura gingen ins Haus, Momo sprang voraus und wartete vor der Wohnungstür.
»Jetzt sieh dir das an, Jo, sie weiß genau, wo ihr wohnt! Kluges Mädchen, Momo!«
Jo's Mutter öffnete ihnen die Tür.

»Hereinspaziert, ihr Lieben! Hallo, Laura, schön, dass du gekommen bist!«
Momo flitzte sofort in Richtung der Kinderzimmer los.
»Ja, such Sam, Momo!«, lachte Laura.
»Hast du Lust auf einen Kaffee, Laura?«, fragte Ellen ihre Schwester. »Ich wollte noch gerne eine Tasse mit dir zusammen trinken, bevor ich mit Sam losfahre. Wo steckt er eigentlich? Er hat dir noch nicht einmal Hallo gesagt!« Sie mussten ihn nicht lange suchen.
»He, Momo«, tönte Sams helle Stimme wütend aus seinem Zimmer. »Lass los!«
Als sie durch die Zimmertür schauten, mussten sie lachen. Sam stand auf seinem Bett, er hielt ein Hosenbein seines Schlafanzuges in den Händen und zog daran, während Momo das andere Hosenbein ebenso fest in der Schnauze hielt. Dabei wedelte sie fröhlich mit dem Schwanz. »Nein, Momo! Lass das sein!«, lachte Laura. Sie nahm der Hündin die Schlafanzughose ab. »Ihr macht aber auch immer das gleiche Spiel, ihr zwei!« Sie hob Sam auf ihren Arm und gab seiner Mutter das Beutestück.
»Na, du tapferer Ritter!«, neckte sie Sam und gab ihm einen Kuss.
Sam strahlte sie an. »Hab ich gewonnen?«, wollte er wissen.

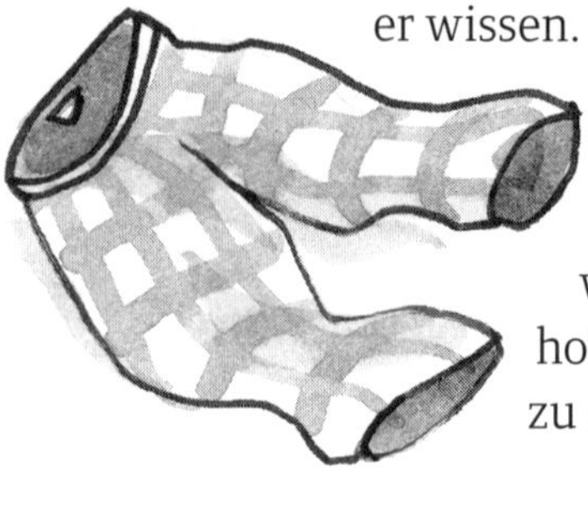

»Na ja, eigentlich hat wohl niemand gewonnen!«, lachte Laura. »Aber du warst sehr tapfer! Nur … hoffentlich hat die Hose nicht zu sehr gelitten.«

»Na, dann kommt mal, ihr beiden, ich brauch jetzt einen Kaffee!«, seufzte Ellen und legte die heiß umkämpfte Schlafanzughose in die Wäschekiste im Badezimmer. Es ging immer sehr turbulent zu, wenn ihre Schwester zu Besuch kam, das wusste sie. Bald darauf saßen alle um den Esszimmertisch herum. Jo und ihre Mutter hatten am Morgen noch ein paar Schokomuffins gebacken. Sie tranken Kakao und Kaffee dazu.
»Wir haben dir mein Bett frisch bezogen, Laura«, erklärte Jo's Mutter.
»Ich habe das gemacht!«, verbesserte Jo.
»Ja, du hast ja recht!«, lachte ihre Mutter.
»Ich habe dir Lisas Telefonnummer aufgeschrieben und neben das Telefon gelegt. Ich bin dir sehr dankbar, dass du bei Jo bleiben kannst. Sie hätte sich wirklich nur gelangweilt, wenn ich sie mitgenommen hätte.«
Laura nickte. »Das ist doch selbstverständlich. Es wurde ohnehin Zeit für einen ausgedehnten Besuch. Wir werden es uns schon gemütlich machen, was, Jo!«
»Klar doch!« Jo strahlte.
»So, Sam, ich glaube, dann machen wir uns mal fertig zum Abflug!«
Die Mutter brachte ihren Jüngsten ins Badezimmer. Dort wischte sie ihm mit einem feuchten Waschlappen den Kakaobart ab und die Reste des Schokomuffins aus dem Gesicht und von den Fingern. –
»Na, das hat geschmeckt, stimmt's?«
Sam nickte. »Mein Teddy muss auch mitfahren!«, fiel es ihm plötzlich ein.
»Natürlich, Sam! Hol ihn schnell aus deinem Zimmer, aber dann müssen wir wirklich los! Ich trage schon

mal die Taschen ins Auto und hole dich dann zum Schluss.«
Jo half ihrem Bruder, den Teddy zu suchen, und brachte die beiden dann gemeinsam mit Laura ans Auto. Ein Abschiedskuss noch, dann fuhren sie los. Laura und Jo standen an der Straße und winkten, bis das Auto der Mutter um die Straßenecke verschwand.
»Puh!«, schnaufte Jo. »Geschafft! Ich hatte schon befürchtet, die kommen nie los!«
Sie gingen wieder nach oben in ihre Wohnung. Laura trug ihre Tasche in das Zimmer ihrer Schwester. Dann ging sie ins Wohnzimmer, wo Jo schon mit Momo auf sie wartete.
»Was machen wir jetzt?«, wollte Jo wissen.
»Nun«, überlegte Laura, »zuerst werden wir den Tisch abräumen und den Kuchen versorgen. Dabei kannst du mir mal erzählen, was du für Pläne geschmiedet hast.«
Jo nickte. Sie werkelten in der Küche und Jo erzählte von Balthasar. Laura fand, es sei eine richtig gute Idee, einen gemeinsamen Spaziergang mit den Hunden zu machen.
Jo rief Felix an und verabredete sich mit ihm für den Nachmittag.
»Das passt gut«, meinte Laura. »Was meinst du, Jo, das Kochen verschieben wir auf den Abend, in Ordnung?«
»Ja, das ist eine gute Idee. Was sollen wir uns denn überhaupt machen?«, wollte Jo wissen.
»Na, wir schauen uns mal im Kühlschrank um, dann fällt uns schon was ein!« Nachdem sie eingehend den Kühlschrank besichtigt hatten, entschieden sie sich für Pizza.

Aber bevor sie die Küche in eine Pizzeria verwandeln wollten, war es Zeit für einen Spaziergang mit Momo und Balthasar.
Jo erklärte Laura den Weg und sie fuhren mit dem Auto zu Felix. Gemeinsam gingen sie zu Herrn Schneider, um Balthasar abzuholen. Jo und Felix waren schon sehr gespannt, ob sich die beiden Hunde vertragen würden. Sie konnten Balthasar schon bellen hören, nachdem Felix an der Tür geklingelt hatte. Momo stellte ihre Ohren auf und lauschte aufmerksam. Die Tür ging auf und Balthasar stürmte hinaus. Plötzlich blieb er stehen, offensichtlich wunderte er sich, Jo und Felix mit einem anderen Hund zusammen zu sehen.
Die beiden Hunde beschnupperten sich, Balthasar bellte zur Begrüßung, Momo wedelte mit dem Schwanz. Nun sprang Balthasar ein paar Sätze voraus in den Garten, dann drehte er sich zu ihr um. Komm schon, lass uns spielen!, schien er zu sagen. Momo ließ sich nicht lange bitten und schon fegten die zwei Hunde fröhlich durch den Garten. Die Kinder lachten.
Herr Schneider begrüßte Laura und die Kinder. Er war froh, dass sie Balthasar zu einem Spaziergang abholen konnten. Sein Knie bereitete ihm zunehmend Schmerzen. Am Morgen war er nur eine kleine Runde mit seinem Hund gelaufen, zu mehr hatte es nicht gereicht.
»Aber nach dem Spaziergang seid ihr herzlich eingeladen zu Kaffee und Kuchen!«, versprach er.
Dann gab er Felix die Hundeleine. Sie riefen die Hunde aus dem Garten zurück und leinten sie für den ersten Teil des Weges an. Als sie an der großen Wiese am Waldrand angekommen waren, leinten sie die beiden

ab. Sofort stoben Momo und Balthasar über die Wiese. Es machte richtig Spaß, ihnen beim Spielen zuzusehen. Dann gingen sie weiter in den Wald hinein.
Laura erzählte, wie sie Momo beigebracht hatte, Fährten zu lesen.
»Jo, hast du Lust, dich zu verstecken? Wir halten die Hunde zurück und nach ein paar Minuten geben wir ihnen den Auftrag, dich zu suchen«, schlug Laura vor.
Jo war begeistert. Felix und Laura hielten die Hunde zurück. Jo lief den Weg entlang, dann suchte sie sich im Unterholz ein gutes Versteck.
Gespannt wartete sie, wie lange die Hunde wohl brauchen würden, um sie zu finden. Nach ein paar Minuten gaben Laura und Felix den Befehl: »Sucht Jo!« und schon rannten die zwei davon.
Die Nasen dicht am Boden, folgten sie der unsichtbaren Geruchsspur des Mädchens. Bald konnten Felix und Laura am freudigen Gebell erkennen, dass die Suche erfolgreich gewesen war.
Abwechselnd versteckten sich nun die Kinder und jedes Mal wurden sie gefunden. Zur Belohnung gab es für Balthasar und Momo ein Stückchen Wurst oder Käse aus Lauras Hundebeutel.
Nach zwei Stunden kamen sie müde, aber fröhlich wieder zurück. Herr Schneider erwartete sie schon mit Kaffee, Kakao und Kuchen. Alle stärkten sich, auch die Hunde bekamen eine Erfrischung. Die Kinder erzählten, während Balthasar und Momo neben ihren Besitzern lagen und sich ausruhten.
Wieder zu Hause angekommen, bereiteten Laura und Jo alles für ihre Pizza vor. Während Laura den Teig

knetete, schnitt Jo die Tomaten. Momo lag im Wohnzimmer und sah ihnen zu – wenn sie nicht gerade schlief. Aber als der Duft der leckeren Pizza durch die Wohnung wehte, hob sie die Nase und schnupperte. Dann trottete sie in die Küche und stupste Laura mit der Schnauze an.
Laura lachte: »Na, mein Mädchen, hast du auch Hunger bekommen? Jo, magst du Momo das Futter hinstellen?«
Jo nickte eifrig. Sie stellte den Napf mit Wasser und Futter auf den Küchenboden. Momo fraß begierig. Der Spaziergang hatte sie hungrig gemacht.
Kurz danach war die Pizza fertig. Jo und Laura aßen, bis ihnen beinahe der Bauch wehtat.
»Superlecker!«, stöhnte Jo. »Aber jetzt kann ich nicht mehr oder ich platze!« »Das geht mir auch so! Lass uns den Tisch abräumen und dann machen wir es uns gemütlich!«, schlug Laura vor.
So wurde es gemacht. Nachdem sie die Küche wieder aufgeräumt hatten, machten sie es sich auf dem Sofa bequem und beschlossen einen Film anzuschauen. Dann wurde es Zeit, um ins Bett zu gehen.

Gerade als Jo sich die Zähne putzte, fing es an zu gewittern.
Blitze zuckten und der Donner grollte schrecklich.
Jo lief ins Wohnzimmer. »Momo mag keine Gewitter«, erklärte Laura. Sie saß auf dem Sofa und streichelte Momo, die sich ängstlich an sie drückte.

»Ich auch nicht. Darf ich bei dir bleiben, bis es aufhört?«, fragte Jo und kuschelte sich unter eine Wolldecke zu den beiden aufs Sofa.
Sie hörten zu, wie der Regen rauschte und der Donner grollte.
Laura erzählte Jo von der Zeit, als Momo zu ihr gekommen war, eine kleine, verängstigte, schwarze Hundewelpe.
»Weißt du, Laura, ich hätte so gerne auch einen Hund. So einen wie Momo oder wie Balthasar.«
»Ich kann dich verstehen, Jo«, nickte Laura. »Ich wollte auch unbedingt einen Hund haben, als ich so alt war wie du. Aber meine Eltern, also dein Opa und deine Oma, wollten es nicht. Also musste ich warten, bis ich für mich selber sorgen und bestimmen konnte.«
»Hast du es irgendwann einmal bereut? Würdest du Momo jemals wieder hergeben wollen?«, forschte Jo nach.
Laura schüttelte den Kopf. »Nein, eigentlich nie.«
»Schade«, gähnte Jo. »Ich hätte sie dir gerne abgenommen, wenn du sie nicht mehr haben willst …«
Dann fielen ihr die Augen zu. Es war ein langer Tag gewesen.
Laura schob Jo vorsichtig ein Kissen unter den Kopf und deckte sie sorgfältig mit der Wolldecke zu. Für diese Nacht war es wohl in Ordnung, wenn ihre Nichte auf dem Sofa schlafen würde. Das Gewitter hatte sich verzogen.
Dann ging sie selbst zu Bett.

Schwer wie ein Stein

Das Leben hätte eigentlich so schön sein können. So einfach und so unkompliziert. Aber es kam alles ganz anders.

Wie jeden Mittwoch fuhren Moritz und Johanna zur Gruppenstunde. Inzwischen freuten sie sich auf diesen wöchentlichen Termin. Es gab immer etwas zu lachen, sie machten Spiele und hörten interessante Geschichten. Außerdem war Felix inzwischen ein richtig guter Freund geworden. Auch wenn er stiller war als Moritz und Jo.

Heute trafen sie sich zu ihrer letzten Gruppenstunde vor der Erstkommunion. Am Samstag sollte noch der Termin für die Probe sein.

Das letzte Gruppentreffen würde bestimmt schön. Sie hatten in der vergangenen Woche verabredet, alle Lieder noch einmal zu singen und die beliebtesten Spiele zu spielen.

Jo und Moritz stellten ihre Fahrräder in den Radständer vor dem Gemeindehaus und schlossen sie ab. Dann gingen sie hinein. Frau Hauser, ihre Gruppenleiterin, begrüßte sie. Die anderen Kinder waren auch schon fast alle da.

»Kommt denn euer Freund Felix heute nicht?«, fragte sie. Tatsächlich – Felix war noch nicht da. Jo und Moritz wunderten sich. Sie hatten sich doch vorgestern erst getroffen. Ob er krank geworden war?

Die Gruppenleiterinnen stimmten das Begrüßungslied an, alle sangen mit. Während der letzten Strophe klopfte es leise an die Tür, mit gesenktem Kopf trat Felix ein.
»Tschuldigung«, murmelte er und setzte sich auf den freien Stuhl im Kreis. Er ließ den Kopf hängen, sang nicht mit und schaute nicht einmal seine Freunde an.
Jo runzelte die Stirn. Was hatte das denn zu bedeuten? Felix war zwar auch sonst eher schüchtern, aber heute fand sie sein Benehmen trotzdem ungewöhnlich. Sie versuchte, einen Blick von ihm aufzufangen. Seine Augen waren ganz rot, so als hätte er vor Kurzem noch geweint.
»Irgendetwas stimmt hier nicht«, dachte Jo. »Aber ich werde schon noch herausfinden, was das ist!«
Nun machten sie ein Spiel. Ein Ball wurde von einem zum anderen geworfen, jeder, der ihn fing, durfte sagen, was ihm in den vergangenen gemeinsamen Stunden besonders gut gefallen hatte.
Die Kinder erzählten sich noch einmal von den verschiedenen Dingen, die sie miteinander gemacht hatten.
»Das gemeinsame Brotbacken war klasse!«, sagte einer. Einem anderen Jungen hatten die Spiele gefallen, einem Mädchen die Bastelarbeiten zu den Themen.
Jetzt war die Reihe an Felix. Als ihm der Ball zugeworfen wurde, verfehlte er ihn knapp, er griff daneben und der Ball rollte zu Jo.
Sie hob ihn auf und brachte ihn ihrem Freund.
Ein Junge im Kreis kicherte. Jo sah ihn böse an. Spott konnte sie nicht leiden. Dann ging sie zu Felix. »Hier,

nimm. Das kann jedem mal passieren. Aber was ist eigentlich los mit dir?«
Felix sah sie nicht an. Er griff auch nicht nach dem Ball, den sie ihm hinstreckte.
Tonlos murmelte er: »Balthasar. Er, er …«, dann stockte seine Stimme. Jo riss die Augen auf. Die Kinder waren plötzlich ganz still.
»Was ist mit Balthasar?«, fragte Jo erschrocken. »Ist ihm was passiert?«
Felix schüttelte den Kopf. Er suchte nach den richtigen Worten: »Nein, nicht ihm … oder doch, irgendwie schon.« Er biss sich auf die Lippen.
»Also was jetzt?«, mischte sich Moritz ein. Er hatte sich neben Jo gestellt. Wenn es um Balthasar ging, dann ging es ihn genauso gut etwas an, fand er.
»Felix«, bat Frau Hauser ruhig, »möchtest du uns erzählen, was mit Balthasar los ist?«
Felix nickte. Johanna und Moritz setzten sich im Schneidersitz vor Felix auf den Boden. Es tat ihm gut, dass seine Freunde in der Nähe waren. Er holte tief Luft. Dann fing er an zu erzählen.
Davon, dass Herr Schneider wegen seines Knies nun doch ins Krankenhaus muss, um operiert zu werden. Schon nächste Woche. Felix hatte seine Eltern angefleht, Balthasar zu sich nehmen zu dürfen. Wenigstens so lange, bis Herr Schneider wieder zurück sei. Sie hatten hin und her überlegt, aber schließlich hatte er einsehen müssen, dass es nicht ging. Seine Eltern fanden, dass ihre Wohnung zu klein sei.

»Es tut uns leid, aber es geht einfach nicht, haben sie immer wieder gesagt.« Felix ließ die Schultern und den Kopf hängen.
Jo war ganz blass geworden. »Und jetzt?«, flüsterte sie. »Was wird aus Balthasar?«
Felix schluckte. Er kämpfte mit den Tränen. Seine Hände waren zu Fäusten geballt. »Herr Schneider sagt, er müsse ihn wohl in ein Tierheim bringen. Nur bis er wieder aus dem Krankenhaus zurückkommt, hat er gesagt.
Aber wisst ihr was? Ich glaube nicht daran. Und heute Mittag habe ich mit ihm telefoniert. Er war noch mal beim Arzt. Es sieht nicht gut aus. Eine langwierige Sache, hat er gesagt. Er wird nach der Operation für ein paar Wochen in eine Kurklinik fahren. Danach wird er noch einige Monate an Krücken gehen. Er kann sich dann nicht richtig um Balthasar kümmern. Herr Schneider ist auch ganz unglücklich. Aber er kennt niemanden, der Balthasar für diese lange Zeit nehmen könnte. Es kann vielleicht sein, dass er ihn nie wieder zurückholen kann.«
Die Kinder im Kreis waren ganz bedrückt. Felix hatte ihnen ja schon von Balthasar erzählt. Er war doch beinahe wie ein eigener Hund für ihn. Und nun sollte er ihn hergeben? Sie konnten verstehen, dass das schwer für Felix sein musste.
»Und nun?« Moritz hatte als Erster seine Stimme wiedergefunden.
»Ja, er wird wohl bald ins Tierheim gebracht werden. Ich darf ihn dort besuchen, hat Herr Schneider gesagt. Wann immer ich kann, werde ich zu ihm hingehen,

ich darf ihn auch ausführen. Sie werden dort gut für ihn sorgen, meinte Herr Schneider.«
»Dann kommen wir wieder mit!«, bestimmte Moritz. Auch Jo nickte bekräftigend.
»Ja, aber es ist nicht das Gleiche, versteht ihr?« Felix war verzweifelt.
Auch Jo kämpfte mit den Tränen. »Das ist so gemein! Wenn mir doch nur etwas einfallen würde!«
»Lass nur, Jo«, erwiderte Felix traurig, »ich habe auch schon die halbe Nacht gegrübelt. Mir ist nichts eingefallen. Wir können nichts machen.« Auch wenn ihnen nichts einfallen würde, so tat es doch gut, Freunde zu haben, besonders jetzt, wo alles so aussichtslos und schwer war.
Frau Hauser hatte ebenso aufmerksam zugehört wie die Kinder. Auch ihr war es nahegegangen, was Felix erzählt hatte. Sie konnten jetzt unmöglich einfach so weitermachen. Das spürte sie. Kurz besprach sie sich mit der anderen Gruppenleiterin.
Sie schickten die Kinder mit einer Aufgabe hinaus. Jedes sollte sich draußen einen Stein suchen. Am Gemeindehaus lagen viele große Steine an der Hausmauer, davon durfte sich jeder einen ausleihen. Dann ging sie gemeinsam mit den Kindern in die benachbarte Kirche.
Sie setzten sich in die erste Bankreihe vor dem Altar. Jeder hielt seinen Stein in den Händen. Es waren große, schwere Steine, sie konnten sie nur mit zwei Händen festhalten.
Frau Hauser erzählte ihnen von Jesus. Auch damals, als Jesus lebte, gab es Dinge, die die Menschen belas-

tet haben. Er spürte es und wollte ihnen helfen. Dann sprachen sie darüber, was einem das Leben schwer machen kann. Fast jedem Kind fiel etwas ein. Die Angst vor einer Klassenarbeit, Streit mit dem besten Freund, Ärger mit den Eltern.

»Dass wir nicht wissen, wie es mit Balthasar weitergeht«, fügte Jo hinzu. Die anderen nickten.

»Ja, ganz genau«, stimmte ihnen Frau Hauser zu. »Solche Dinge können so schwer wie ein Stein auf der Seele liegen.«

Dann erzählte sie weiter: »Jesus hatte den Menschen gesagt, dass sie ihre Sorgen, ihren Kummer, all das, was sie belastet, zu ihm bringen dürfen. Die Menschen kamen zu Jesus und haben mit ihm geredet. Sie konnten ihre Sorgen bei ihm lassen. Vielen hat es neue Kraft gegeben und sie gingen erleichtert wieder von ihm fort.

Wir können zwar nicht mehr so mit Jesus reden wie die Menschen damals. Aber wir dürfen auch heute zu ihm kommen. Wenn ihr euren Stein in den Händen spürt, dann könnt ihr überlegen, für welche Last euer Stein ein Zeichen sein kann. Wer mag, kann sagen, was sein Stein bedeutet. Dann legen wir die Steine vor dem Altar ab, damit Jesus unsere Steine und unsere schweren Dinge sehen kann.«

Nacheinander legten die Kinder ihre Steine vor den Altar hin. Einige erzählten, woran sie ihr Stein erinnerte. Dann nahm Frau Hauser ein Körbchen mit Teelichtern. Sie zündete eines an der Kerze am Altar an.

»Wir können einander helfen, indem wir etwas tun. Das ist gut. Aber wir können einander auch helfen,

wenn wir uns gegenseitig Gottes Hilfe und Segen wünschen. Das ist wie ein Licht im Dunklen, wie ein Licht auf einem steinigen Weg.«

Sie stellte ihre Kerze zu dem Stein eines Mädchens, das sich mit ihrer Freundin zerstritten hatte und darüber traurig war.

»Ich wünsche dir, dass ihr euch wieder vertragen könnt. Gott sei mit dir«, sagte sie.

Dann taten die Kinder es ihr nach. Sie stellten die Lichter zwischen die Steine auf. Jo stellte ihre Kerze neben den Stein von Felix. »Hoffentlich fällt uns was ein für Balthasar! Ob Gott uns dabei auch hilft? Ich wünsche uns das so sehr!«

Zum Schluss standen sie alle um die Steine und die Kerzen herum und sangen ein Segenslied. Als die Kinder aus dieser Gruppenstunde nach Hause gingen, waren sie ernster als sonst. Am Samstag würden sich alle in der Kirche zur Probe treffen. Am Sonntag wollten sie ihre Erstkommunion feiern.

»Wenn uns bis dahin doch etwas Gutes einfallen würde!«, seufzte Jo.

Geheimsache Pfote

»Könnten wir nicht für ein paar Monate Balthasar aufnehmen?«, platzte Jo beim Abendessen heraus. Ihre Mutter schaute sie ungläubig an. Beinahe hätte sie sich verschluckt. »Wie bitte, Jo?«
»Ja! Ich verzichte auch auf alle Erstkommuniongeschenke! Bitte, Mama, es ist ein absoluter Notfall!«
Ihre Mutter war ja allerhand tolle Ideen von ihrer Tochter gewohnt, aber das ging nun doch zu weit.
»Jo, wie kommst du denn darauf?«, wollte sie wissen.
Dann erzählte Jo von Balthasars traurigem Schicksal.
Ihre Mutter schüttelte den Kopf. »Jo, also ehrlich. Du weißt doch, wie viel Arbeit ich habe. Ich dachte wirklich, das Thema Haustier hätten wir geklärt. Es tut mir leid für Balthasar, aber ich kann hier keinen Hund gebrauchen.«
Jo ließ den Kopf sinken. Sie schob ihren Teller von sich. Dann konnte sie ihre Tränen nicht länger zurückhalten. Sie hatte es sich so schön ausgedacht. Balthasar hier bei ihnen … Warum verstand Mama nicht, wie wichtig das für sie war?
Ihre Mutter versuchte sie zu trösten, aber die Worte drangen nicht bis zu ihr durch.
Sam hatte die ganze Zeit aufmerksam zugehört. Er hatte nicht alles verstanden, aber er spürte, dass seine Schwester sehr traurig war. Langsam rutschte er von seinem Stuhl herunter und rannte in sein Zimmer. Mit

einem großen Stoffhund im Arm kam er wieder zurück. »Du kannst meinen Hund haben, Jo«, flüsterte er und legte ihn Jo auf den Schoß.
Jo versuchte zu lächeln und drückte ihr nasses Gesicht in das weiche Fell des Stoffhundes. »Danke, Sam, das ist ganz lieb von dir. Aber weißt du, ich würde so gerne Balthasar helfen und ich kann es nicht!«

An diesem Abend lag Jo noch lange wach. Unruhig warf sie sich von einer Seite auf die andere. Das durfte einfach nicht wahr sein!
»Unser Balthasar! Wir müssen ihm doch helfen!«, dachte sie. »Viel Zeit haben wir nicht mehr. In der nächsten Woche geht Herr Schneider ins Krankenhaus. Vorher muss Balthasar ins Tierheim gebracht werden. Das heißt, wenn wir nicht bis Samstag oder Sonntag einen anderen Platz für ihn gefunden haben. Am Sonntag haben wir Erstkommunion … Wie können wir ein fröhliches Fest feiern, wenn wir wissen, dass Balthasar traurig im Tierheim hockt und nicht verstehen kann, was los ist? Ich hatte mich wirklich auf das Fest gefreut, aber jetzt pfeife ich darauf! Wenn mir doch nur etwas Vernünftiges einfallen würde!«
Irgendwann schlief sie dann doch ein.

Dann kam der nächste Tag, ein Donnerstag. Den ganzen Tag über grübelte Jo vor sich hin. Nach dem Abendessen rief sie bei ihrer Tante Laura an.
»Hier Laura Brettner!«, meldete sie sich.
»Hallo, Laura, hier ist Jo!«, antwortete Jo.

»Oh, Jo, was für eine schöne Überraschung! Na, wie geht's dir? Freust du dich schon auf den Sonntag?«, wollte Laura wissen.
»Mir geht's gar nicht gut. Ich brauche einen Rat von dir«, seufzte Jo.
»Na, dann lass mal hören, Mädel! Nerven dich die lieben Eltern?«, scherzte ihre Tante am anderen Ende.
»Also, es ist so. Du erinnerst dich doch sicher an Felix und Balthasar.«
»Klar doch, das war ein schöner Nachmittag. Was ist mit Felix?«, wollte Laura wissen.
»Mit Felix ist nichts. Aber mit Balthasar. Herr Schneider wird in der nächsten Woche operiert. Danach wird er noch für ein paar Wochen in eine Kurklinik fahren und da kann er Balthasar natürlich nicht mitnehmen. Und wenn er zurückkommt, kann er sich auch erst einmal nicht richtig um ihn kümmern, weil er an Krücken gehen muss. Jetzt soll Balthasar in ein Tierheim gebracht werden. Und wer weiß, ob Balthasar danach überhaupt wieder zu ihm zurückkann.«
Jo stockte. Ob Laura eine Idee hatte? Es war ganz still am anderen Ende der Leitung geworden.
»Laura, bist du noch dran?«
Lauras Stimme war ernst geworden. »Ja, ich bin noch dran. Das hört sich nicht gut an, da hast du recht. Balthasar ist ein netter Kerl, ich würde dir gerne helfen, aber wie?«
Jo zögerte. »Na ja, ich dachte schon mal, ob du nicht vielleicht …«

»Ich? Jo, was meinst du damit? Hör mal zu, du hast doch nicht etwa gedacht, dass ich Balthasar so lange nehmen soll, oder?«
»Warum denn nicht, er und Momo habe sich gut verstanden. Du hast eben selber gesagt, er ist ein netter Kerl. Laura, bitte, es ist doch nur für ein halbes Jahr oder ein bisschen länger!« Jo war verzweifelt. Warum konnte Laura nicht einfach sagen: Ja, klar, ich komme und hole ihn ab.
Laura verstand ihre Nichte sehr gut. Genauso hätte sie auch gedacht, als sie so alt war. Aber so leicht, wie Jo es sich vorgestellt hatte, war es nun mal nicht.
»Hör mal zu, Jo, so einfach geht das nicht. Einen Hund aufzunehmen, das muss man sich gut überlegen. Es kommt etwas plötzlich für mich, weißt du. Ein halbes Jahr oder länger …«
Jo schluckte. Laura war wirklich ihre letzte Rettung gewesen. Warum wollte sie ihr nur nicht helfen?
»Aber es wird ihm nicht gut gehen im Tierheim, ich weiß das!«, schluchzte Jo.
»Ja doch, Jo, ich verstehe dich. Aber du musst auch mich verstehen. Bitte versuch es. Jetzt feiern wir erstmal dein Fest, und wer weiß, vielleicht findet sich ja nächste Woche eine andere Lösung.«
»Du bist auch nicht anders als alle anderen Erwachsenen! Nächste Woche ist es schon zu spät!«, rief Jo enttäuscht ins Telefon. »Ich hatte so sehr gehofft, dass du mir helfen kannst! Und mein Fest, das will ich überhaupt nicht mehr!«
Dann legte sie auf.

Jo rannte in ihr Zimmer. Sie warf die Tür hinter sich zu, schloss ab und kletterte auf ihr Bett. Gab es denn niemanden, der helfen konnte? Sie kroch unter ihre Bettdecke und weinte. Wut, Enttäuschung und Verzweiflung, alles brach aus ihr heraus.
Im Flur klingelte das Telefon. Sie hörte die Stimme ihrer Mutter. »Ja, ist gut, Laura, ich rede noch mal mit ihr. Sie hat es bestimmt nicht so gemeint. Danke, dass du sie verstehst. Tschüss dann, bis Sonntag!«
Ihre Mutter klopfte an die Tür. »Jo, bitte mach auf!«, bat sie.
Jo stieg vom Bett herunter und schloss die Tür auf. Sie trocknete sich die Tränen ab. Ihre Mutter nahm sie in die Arme.
»Es ist so gemein!«, brach es aus dem Mädchen heraus. »Man kann Balthasar doch nicht einfach so abschieben. Er ist unser Freund. Ich hatte so gehofft, dass Laura ihn nimmt. Aber sie will ihn auch nicht. Auf euch Erwachsene ist kein Verlass!« Sie schluchzte wieder.
Ihre Mutter strich ihr tröstend über das Haar. »Jo, Laura hat eben noch mal angerufen.«
»War sie sauer auf mich?« Jo sah ihre Mutter an. Sie schämte sich jetzt dafür, dass sie vorhin so heftig gewesen war.
»Nein, sie war nicht sauer, sie kann dich ja verstehen. Aber sie weiß so auf die Schnelle auch keine Lösung, verstehst du? Ich soll dich ganz lieb grüßen, sie denkt darüber nach, hat sie gesagt. Ich denke, Jo, du gehst am besten bald ins Bett. Versuch zu schlafen, ja?«

Ihre Mutter gab ihr einen Kuss und Jo verschwand bald darauf im Badezimmer.

Am nächsten Morgen wachte Jo auf, noch bevor ihr Wecker klingelte. Sie hatte schlecht geschlafen und wirre Dinge geträumt. Irgendwer hatte Balthasar entführen wollen.
»So was Blödes kann man wirklich nur träumen!«, dachte sie und schüttelte den Kopf. Dann saß sie auf einmal kerzengrade im Bett. »Das ist es! Man müsste etwas ganz und gar Verrücktes machen.« Ihre Augen blitzten. »Die Erwachsenen wollen uns nicht helfen. Sie sagen zwar, dass es ihnen leidtut, aber sie unternehmen nichts. Vielleicht denken sie, es ist nicht so wichtig, weil Balthasar nur ein Hund ist.« Jo spürte wieder die gleiche ohnmächtige Wut, die sie gestern Abend schon gefühlt hatte.
»Aber was wäre, wenn wir Kinder weg sind?«, schoss es ihr durch den Kopf. Was für ein ungeheuerlicher Gedanke! Weglaufen! Weglaufen und Balthasar mitnehmen! Ihn entführen! Und dann?
Was dann sein würde, wusste Jo nicht, aber diese verrückte Idee hatte in ihrem Kopf bereits Wurzeln geschlagen.
Einfach abhauen, alle drei. Moritz und Felix mussten natürlich mit und natürlich Balthasar. Ihr Herz klopfte wild. In ihrem Kopf flogen die Gedanken nur so herum.
»Langsam, Jo!«, ermahnte sie sich selbst. »Jetzt nur die Ruhe bewahren! Mama darf mir auf keinen Fall

etwas anmerken! Aber Moritz werde ich nachher gleich einweihen!«

Wie jeden Morgen ging sie ins Badezimmer, dann zog sie sich an und setzte sich an den Frühstückstisch. Ihre Mutter lächelte ihr aufmunternd zu, Jo lächelte zurück.

»Ich darf ihr jetzt nicht zeigen, was mir im Kopf herumgeht, das ist das Wichtigste!«, dachte Jo und zwang sich, so ruhig wie immer ihr Müsli zu essen.

Auf dem Schulweg erzählte sie Moritz von ihrem Gespräch mit Laura. Moritz berichtete, dass auch seine Eltern Balthasar nicht aufnehmen wollen. »Ich weiß jetzt auch nicht mehr, was wir tun können«, seufzte Moritz und starrte düster vor sich hin. »Und es ist schon Freitag!«

»Aber ich weiß es!«, triumphierte Jo. »Ich nenne es: ›Geheimsache Pfote!‹« Sie sah ihren Freund verschwörerisch an.

»Geheimsache was, bitte schön?«, stotterte Moritz.

»›Geheimsache Pfote‹! Das ist ein geheimer Plan zur Rettung von Balthasar! Klar?«

»Aha. Und wie soll der aussehen, dein geheimer Plan?«, wollte Moritz wissen.

»Ganz einfach: Wir hauen ab. Wir entführen Balthasar!« Erwartungsvoll sah sie ihren Freund an. Moritz sagte erst einmal gar nichts mehr. Er war stehen geblieben und starrte sie mit offenem Mund an, als habe er Jo noch nie zuvor gesehen.

»Jo!«, stieß er hervor, »Jo, du bist verrückt! Total verrückt!«

»Bin ich nicht!«, schimpfte Jo zurück.

»Bist du doch! … Oberverrückt sogar! Nein: Oberoberoberverrückt! Aber weißt du was? Ich finde die Idee super. Sie ist verrückt, aber sie ist gut. Eine typische Jo-Idee! Auf so was kommst nur du!«

»Danke!« Jo strahlte ihren Freund an. Sie hatte gewusst, dass sie sich auf ihn verlassen konnte.

»Aber hast du auch schon eine Idee, wie das gehen soll? Wo sollen wir uns verstecken? Und wie lange? Und was werden wir unterwegs essen?«, forschte Moritz.

Jo seufzte. »Ich habe gedacht, das machen wir zusammen, das mit dem genauen Nachdenken. Wir verabreden uns für heute Nachmittag mit Felix, dann reden wir über alles.«

An diesem Morgen konnte sich Jo überhaupt nicht auf den Unterricht konzentrieren, Moritz ging es nicht besser. Ständig mussten sie über die Feinheiten ihres Geheimplans nachdenken.

»Johanna«, die Stimme der Lehrerin klang ungeduldig. »Johanna, wo bist du heute nur mit deinen Gedanken?«

»Das sage ich lieber nicht so genau …«, dachte Jo und versuchte ein unschuldiges Gesicht zu machen.

Die Lehrerin sah sie streng an: »Auch wenn ihr am Sonntag Erstkommunion feiert, heute ist noch ganz normal Schule, verstanden?«

Die Erstkommunion! Moritz stieß sie von der Seite an. »Wir können nicht einfach abhauen, Jo!«, flüsterte er.

»Hast du was zum Unterricht beizutragen, Moritz?«, wollte seine Lehrerin wissen. Moritz verstummte und schüttelte den Kopf.

»Dann lass auch bitte deine Mitschülerin in Ruhe! Was ist nur mit euch beiden heute los?«
»Wenn du wüsstest ...«, dachte Moritz düster.

Schließlich läutete die erlösende Schulglocke.
Jo und Moritz rannten aus dem Schulhaus. Sie hatten Felix in der Pause nicht getroffen. Jetzt mussten sie dringend bei ihm anrufen. Sie rannten den Heimweg bis zum Haus von Moritz und verschwanden dort schnell mit dem Telefon in seinem Zimmer.
»Neumann«, meldete sich eine Frauenstimme.
»Hier ist Moritz Wachter. Guten Tag, Frau Neumann. Ist Felix schon zu Hause?« Er versuchte, seine Stimme so normal wie möglich klingen zu lassen. Obwohl er in Wirklichkeit fürchterlich aufgeregt war.
»Hallo, Moritz, schön, dass du anrufst. Ja, Felix ist da, ich hole ihn schnell.«
»Hallo, Moritz!« Felix' Stimme klang traurig.
»Hallo, Felix! Wie geht's? Gibt es schon was Neues wegen Balthasar?«, wollte Moritz wissen.
»Nein, nichts, leider.« Felix seufzte.
»Du hör mal, Felix, Jo und ich, wir müssen dich unbedingt treffen, am besten gleich nach dem Mittagessen, geht das? Jo hat da so eine Idee ...«
»Eine Idee, was für eine Idee?« Felix war plötzlich hellwach, Moritz klang so geheimnisvoll.
»Das kann ich dir am Telefon nicht gut sagen, darum wollen wir uns ja mit dir treffen. Ich sage nur so viel: Die Parole lautet ab heute: ›Geheimsache Pfote!‹«
»›Geheimsache Pfote‹? Das klingt spannend. Was soll das sein?« Felix war neugierig geworden.

»Wir sagen es dir, wenn wir uns treffen. Also dann, nachher um zwei Uhr bei dir, in Ordnung? Wir holen dich ab! – Geheimsache Pfote!«
»Ist in Ordnung. Bis um zwei Uhr dann. Ich bin schon gespannt. – Geheimsache Pfote!«, dann legte Felix auf.

Jo und Moritz lehnten ihre Räder an den Zaun und klingelten bei Felix. Er machte ihnen auf.
»Wollt ihr raufkommen?«, fragte er sie.
»Sind wir da ungestört?«, wollte Jo wissen.
»Na ja, nicht wirklich. Meine Geschwister sind da. Wir könnten in den alten Gartenschuppen gehen, da sucht uns niemand, ich hole nur schnell den Schlüssel.«
Im Gartenschuppen bewahrten die Hausbewohner Schaufeln und andere Gerätschaften auf. Das Vorhängeschloss war eingerostet, es klemmte, als Felix es aufschloss. Die Tür knarrte, die Kinder traten ein. Es roch nach feuchter Erde. Als sich ihre Augen an die Dämmerung gewöhnt hatten, sahen sie sich um. Überall stand altes Gerümpel herum, verrostetes Gartenwerkzeug, eine verbeulte Gießkanne, und überall hingen verstaubte Spinnweben herunter. Die Fensterscheiben waren verschmutzt, das Sonnenlicht fiel nur schwach herein.
»Perfekt!«, flüsterte Jo und pfiff durch die Zähne.
»Na, ich finde es vor allem ziemlich dreckig …«, gab Felix zu.
»Perfekt!«, widersprach Moritz.
»Und hier sucht uns wirklich niemand?«, wollte Jo wissen.

»Niemand«, versprach Felix.
Die Kinder machten sich aus den Eimern und Kisten ein paar Sitzgelegenheiten. Moritz stellte noch eine Kiste in die Mitte, als Tisch. Er holte aus seinem Rucksack eine Rolle Kekse. Jo grinste. »Du hast wirklich an alles gedacht, Moritz!«
Dann fing Jo an. Sie erzählte noch einmal alles, was sich seit gestern zugetragen hatte.
»Ich hatte wirklich gedacht, dass meine Tante anders ist als die anderen Erwachsenen, aber da habe ich mich wohl getäuscht«, murmelte sie düster.
Felix schüttelte den Kopf. »Laura ist nett. Außerdem hat sie recht, wenn man einen Hund zu sich nimmt, muss man sich das gut überlegen. Auch wenn es nur für einige Monate ist. Das hat Herr Schneider übrigens auch gesagt.«
»Ja, das mag ja sein. Aber irgendwie hatte ich so sehr gehofft, dass sie eine Lösung haben könnte …«
Felix ließ den Kopf hängen. »Es gibt eben keine Lösung, Jo, wir können nichts machen. Unsere Eltern wollen keinen Hund im Haus. Es geht wohl nicht anders: Balthasar kommt ins Tierheim.«
»Du gibst zu schnell auf, Felix!«, ereiferte sich Jo. »Es gibt einen Ausweg, aber wir müssen zusammenhalten und wir müssen mutig sein!«
»Einen Ausweg? Was meinst du denn damit? Sag schon!«
»Zuerst müssen wir alle schwören, unser Geheimnis niemandem zu verraten!«, entschied Moritz.
Alle nickten. Die Kinder reichten sich feierlich die Hände. »Geheimsache Pfote!«, flüsterten sie. Dann

versprach jeder, dass alles geheim bleiben sollte, was Jo ihnen erklären und was sie sich gemeinsam ausdenken würden.
Jetzt erzählte Jo von ihrem Plan: »Wenn unsere Eltern für Balthasar nichts tun, vielleicht tun sie etwas, wenn wir Kinder verschwinden!«
Felix schaute sie ungläubig an. »Was soll das heißen, Jo? Du willst abhauen? Einfach so? Und was soll das bringen?«
Jo nickte. »Ganz recht. Wir hauen ab. Und wir nehmen Balthasar mit. Dann sollen unsere Eltern überlegen, ob sie einen besseren Plan für ihn haben. Wenn sie einen gefunden haben, kommen wir wieder zurück, ganz einfach!«
Felix sah sie verblüfft an. »Aha. Ganz einfach. Findest du.«
Jo nickte.
»Und wann soll es losgehen?«, wollte Felix wissen.
»Morgen früh, wenn noch alle anderen schlafen!«
»Morgen? Das, das geht doch nicht. Morgen ist Samstag und da ist die Probe für die Erstkommunion, hast du das vergessen?«, gab Felix erstaunt zurück.
»Nein. Das habe ich ganz und gar nicht vergessen.« Jo schob trotzig ihr Kinn vor.
»Aber kann ich was dafür, dass wir Balthasar so schnell wie möglich retten müssen. Hast du nicht selber gesagt, dass er morgen Mittag ins Tierheim gebracht werden soll? Wir haben also gar keine Zeit mehr.«
Jetzt mischte sich auch Moritz ein. »Jo hat recht. Wir dürfen keine Zeit mehr verlieren!« Jo sah ihn dankbar

an. »Aber Felix hat auch recht. Wir würden bei der Probe fehlen«, gab er zerknirscht zu.

Alle saßen eine Weile schweigend da. Es war zum Aus-der-Haut-Fahren. Wie sie es auch drehten: Es blieb schwierig. Wenn sie Balthasar nicht entführten, dann würde er ins Tierheim gebracht werden, Wenn sie ihn aber entführen würden, dann fiel wahrscheinlich ihre Erstkommunion ins Wasser. Es würde einen Haufen Ärger geben, das war gewiss.

»Ich weiß nicht, Jo, ich glaube, ich kann da nicht mitmachen …«, gab Felix kleinlaut zu bedenken. »Das kann ich meinen Eltern nicht antun. Sie haben so viel Arbeit mit dem Fest …«

»Na, Klasse!«, schimpfte Jo. »Glaubst du etwa, meine Mutter hat keine Arbeit? Klar, daran habe ich auch gedacht. Aber was sollen wir denn tun?«

»Nun sei doch nicht gleich beleidigt, Jo!«, beruhigte sie Moritz. »Wie hast du dir das überhaupt vorgestellt? Wie lange wolltest du denn weglaufen? Wolltest du über Nacht wegbleiben?«

»Das weiß ich doch auch nicht so genau. Mensch, Moritz, das war eben so ein Gedanke, ich dachte, es wäre eine gute Idee. Das hast du doch auch gemeint. Warum ist alles nur so schwierig?«

»Und wenn wir unseren Eltern nur einen Schrecken einjagen? Wenn wir Balthasar nur tagsüber entführen, damit er auf alle Fälle an diesem Tag nicht ins Tierheim gebracht wird?«, schlug Felix vor. »Dann würden wir ›nur‹ die Probe verpassen … Das ist zwar auch nicht so toll, aber immerhin besser, als ganz abzuhauen.«

Sie überlegten.
»Mmh. Ja … Vielleicht ist das gar keine so schlechte Idee …«, murmelte Jo. Bei der Vorstellung, wirklich abzuhauen, mit Übernachten und allem Drum und Dran, war ihr inzwischen auch sehr unbehaglich. So mutig, wie die Kinder in den Abenteuerbüchern, war sie dann doch nicht.
»Ich hab's! Wir laufen mit Balthasar weg, aber wir lassen bei unseren Eltern eine Nachricht zurück. – Wenn ihr uns wieder zurückhaben wollt, dann macht einen Plan für Balthasar. – Irgendwie so sollte es klingen.« Jo schaute ihre Freunde erwartungsvoll an.
»Das ist 'ne glatte Erpressung, Jo!«, rief Moritz erschrocken.
»Ja, du hast es erfasst. Und weil sie uns wiedersehen wollen, werden sie sich was einfallen lassen. Dann sind *sie* nämlich mal dran mit Grübeln, nicht immer nur wir!«
»Und wie erfahren wir, ob sie eine Idee haben?«, wollte Felix wissen.
»Ich nehme ein Handy von zu Hause mit!«, erklärte Jo. »Dann können sie uns anrufen, wenn sie eine gute Idee haben, und wir kommen wieder zurück. Seht ihr: Es kann also gar nichts schiefgehen!«
Moritz und Felix staunten.
»Ja, so können wir es machen«, stimmte Moritz als Erster zu.
»Aber was ist, wenn ihnen trotzdem nichts einfällt?«, warf Felix ein.
»Es wird ihnen etwas einfallen, da bin ich mir ganz sicher. Und eigentlich haben wir dann ja nur etwas

nachgeholfen ..., oder?« Jo war zuversichtlich. Mit ihrem Verschwinden würden sie den Eltern zeigen, dass es ihnen Ernst war. Aber sie würden dadurch nicht das Fest am anderen Tag zerstören. So hofften sie jedenfalls.

Dann überlegten sie, was sie mitnehmen mussten. Moritz sorgte sich vor allem darum, dass auch genug zu essen dabei war.
Jo musste lachen, das war doch irgendwie typisch.
»Ich kann was zu trinken einpacken, auch einen Napf und Wasser für Balthasar. Denkt auch an Regenjacken, für alle Fälle!«, ergänzte Felix.
»Müssen wir denn eigentlich schon so früh aufbrechen?«, wollte Moritz wissen. »Wir können ja schlecht bei Herrn Schneider einbrechen und Balthasar klauen!«
Bei dieser Vorstellung mussten sie lachen: Die Kinder als vermummte Einbrecher versuchen einen Hund zu klauen ...
»Da hast du recht! Ich glaube nicht, dass Balthasar sich so einfach stehlen lässt ..., der macht viel zu viel Lärm. Wir gehen erst um zehn Uhr los. Es wird alles so aussehen wie ein ganz harmloser Spaziergang.«
Moritz nickte: »Wir fragen, ob wir Balthasar noch einmal ausführen dürfen, weil er doch am Nachmittag ins Tierheim gebracht werden soll – aber wir kommen eben nicht zurück.«
»Ich finde, wir sollten Herrn Schneider auch einen Brief in den Briefkasten stecken, er schaut bestimmt mittags nach, ob er Post bekommen hat«, meinte Fe-

lix. »Wir erklären ihm, dass wir gut auf Balthasar aufpassen. Wir schreiben ihm auch, dass unsere Eltern einen Rettungsplan für Balthasar machen sollen. Damit er sich keine Sorgen macht.«

»Ja, das ist eine gute Idee. Ich denke, er wird uns verstehen!«, pflichtete ihm Jo bei. »Du kannst diesen Brief bestimmt am besten schreiben, Felix!«, meinte sie. »Und jeder von uns schreibt an seine Eltern, sie sollen sich treffen und miteinander beraten.«

»Und wo gehen wir hin?«, wollte Moritz wissen.

»Wir fahren ein Stück mit dem Fahrrad, den Weg, den wir schon oft mit Balthasar gegangen sind. Aber diesmal radeln wir weiter, bis zur alten Sägemühle. Da lassen wir die Räder stehen, gehen in den Wald und verstecken uns. Ich bin schon mal mit Laura und Momo dort gewesen. Was haltet ihr davon?«, fragte Jo.

Moritz verzog das Gesicht. »Ist das nicht ziemlich weit?«

»He, du Faulpelz, schließlich sollen sie uns ja nicht gleich finden, falls sie uns doch suchen!«, schimpfte Jo.

»Der Weg ist ganz gut. Aber da ist der verlassene Steinbruch, da muss man vorsichtig sein!«, ermahnte sie Felix. »Ich habe gehört, dass dort alte Gänge sind. Es kam schon vor, das die Erde an diesen Stellen nachgegeben hat. Wir sollten also wirklich aufpassen!«

»Mach dir keine Sorgen, Felix, wir passen auf. Und außerdem haben wir ja noch Balthasar bei uns«, beruhigte ihn Jo.

Es wurde Zeit für die Kinder, nach Hause zu gehen. Bevor sie den Schuppen verließen, legten sie noch einmal ihre Hände übereinander.
»Nichts erzählen! Kein Wort, zu niemandem! Versprochen?«, schärfte Jo den beiden Jungen ein.
»Versprochen!«, war die Antwort.
»Bis morgen, um kurz vor zehn bei Felix! – Geheimsache Pfote!«, flüsterte Jo. »Geheimsache Pfote!«, raunten die Jungen.

Jo war aufgeregt, als sie sich an diesem Abend ins Bett legte, Moritz und Felix ging es nicht anders. War es richtig, was sie vorhatten? Durften sie das denn?
»Aber wir tun es doch nicht für uns«, dachte Jo. »Wir tun es doch für Balthasar!«

Auf und davon

Jo wachte mit einem Ruck auf. Hatte sie etwa verschlafen? Nein, ein Blick auf ihren Wecker zeigte: Es war erst acht Uhr. Sie kroch unter ihrer Decke hervor. Solange ihre Mutter noch schlief, wollte sie unauffällig den Rucksack packen.

Jo tappte in die Küche, heimlich ließ sie eine Rolle Kekse und ein paar Äpfel in ihren Rucksack wandern. Auch die Regenjacke durfte nicht fehlen. Das Handy hatte sie am Abend zuvor schon eingesteckt. Ihre Mutter hatte nichts gemerkt. Das Schwierigste war der Brief gewesen. Sie hatte wirklich lange hin und her überlegt. Jetzt steckte er in einem roten Umschlag und lag auf ihrem Schreibtisch. Hoffentlich würde Mama ihn dort nicht zu schnell finden.

Nach dem Frühstück fragte Jo ihre Mutter, ob sie sich mit Felix treffen dürfe. »Wir wollen noch einen kleinen Abschiedsspaziergang mit Balthasar machen«, erklärte Jo.

»Ja, das ist in Ordnung. Nimm's nicht so schwer, Jo. Sicher findet sich bald eine Lösung«, sagte ihre Mutter. »Und denk dran, um drei Uhr ist Probe in der Kirche, sei bitte bis um halb eins zum Mittagessen zu Hause.«

Jo nickte abwesend. Sie verabschiedete sich, nahm ihren Rucksack, schob ihr Fahrrad aus dem Keller hinaus und radelte zu Moritz.

»Geheimsache Pfote!«, begrüßten sie sich.

»Haben deine Eltern was gemerkt?«, wollte Jo wissen.

»Ich glaube nicht. Meine Mutter hat so viel mit den Vorbereitungen zu tun. Und wie war es bei dir?«

»Genauso. Ich hatte es mir viel schwieriger vorgestellt!«

Dann fuhren sie zu Felix. Der erwartete sie schon vor dem Haus.

Ihm war anzusehen, dass er sich nicht ganz wohl fühlte in seiner Haut. Auch wenn es um Balthasar ging, so machte er sich doch Sorgen, wie die ganze Sache zu einem guten Ende kommen würde.

Ihre Fahrräder stellten sie ein Stück entfernt von Herrn Schneiders Haus ab, sie wollten sie holen, sobald sie Balthasar dabeihatten.

Herr Schneider freute sich, die Kinder zu sehen, und war doch auch traurig, weil er wusste, dass es nun vielleicht das letzte Mal sein würde, dass die vier miteinander unterwegs waren. Schweigend zogen sie los. Zuvor hatten sie noch unbemerkt den Brief an Herrn Schneider in dessen Briefkasten geworfen.

Sie fuhren bis zum Stadtrand, Balthasar sprang fröhlich neben ihnen her. Bald kam der Feldweg und in der Ferne sahen sie schon den Wald liegen. Zum Glück war das Wetter gut. Die Sonne schien warm. Nach einiger Zeit hatten sie den Wald erreicht. Sie fuhren noch ein Stück bis zu der alten Sägemühle. Dort versteckten sie die Räder abseits vom Weg unter kleinen Sträuchern und schlossen sie ab. Den Rest des Weges wollten sie zu Fuß weitergehen. Aber erst einmal machten sie eine Rast. Sie packten ihre Rucksäcke aus und teilten ihre Kekse und den Apfelsaft. Dann berieten sie, in welche Richtung sie weiterlaufen wollten. Balthasar beschnupperte seine Umgebung, ihm machte der Ausflug Spaß, das war ihm anzusehen.

Jo erinnerte sich, dass sie hier im Herbst mit Laura und Momo gelaufen war. Sie erkannte das Wanderzeichen wieder: einen roten Punkt mit einem Kreis darum. Auf einem Wegweiser lasen sie: Wiesenthal, 7,5 km. In die andere Richtung: Auenburg 12 km. Aus Wiesenthal kamen sie, also mussten sie in die andere Richtung gehen, nach Auenburg. Dafür müssten sie nur dem Wegzeichen folgen, es könne also gar nichts schiefgehen, erklärte Jo den Freunden. Sie packten ihre Rucksäcke zusammen und marschierten los. Balthasar sprang fröhlich voraus.

Inzwischen war die Mittagszeit vorbei. Johannas Mutter ärgerte sich. Das Essen stand fertig auf dem Tisch, aber ihre Tochter war immer noch nicht aufgetaucht. »Wo steckt sie denn heute nur?«, schimpfte sie. Aber dann fing sie an, sich ernstlich Sorgen zu machen. Schließlich rief sie bei den Eltern von Moritz an.

»Guten Tag, Frau Wachter, hier ist Bremer. Ist Jo vielleicht bei Ihnen?«, fragte sie.

»Ah, hallo, Frau Bremer. Nein, ich dachte schon, Moritz und Jo seien bei Ihnen. Du meine Güte, wo stecken denn die Kinder nur? Ob sie noch bei Herrn Schneider sind? Sie wollten doch nur einen kleinen Spaziergang mit dem Hund machen. Ich verstehe das nicht!«, antwortete Moritz' Mutter besorgt.

»Ich auch nicht, Jo ist sonst so zuverlässig. Vielleicht sind sie bei Felix. Ich glaube, Jo hat eine Telefonliste der Erstkommunionkinder auf ihrem Schreibtisch liegen. Ich rufe bei Felix an und melde mich bei Ihnen, sobald ich mehr weiß. Und falls die zwei inzwischen bei Ihnen auftauchen …!«

»… Schicke ich Jo auf der Stelle heim! Bis nachher dann«, versprach Frau Wachter und legte den Hörer auf. Jo's Mutter ging nach dem Gespräch in das Zimmer ihrer Tochter.

Als sie an den Schreibtisch trat, fiel ihr gleich der Brief auf. Es war ein roter Umschlag,

Für meine Mama!

stand darauf, sie erkannte sofort Jo's Handschrift. Sie runzelte die Stirn. Was hatte das zu bedeuten? Schnell öffnete sie den Briefumschlag, holte das Blatt heraus und begann zu lesen:

Liebe Mama!

Bitte sei mir nicht böse.
Balthasar darf NICHT in das
Tierheim kommen.
Er ist doch unser Freund!
Du hast immer gesagt: Freunde
halten zusammen.
Das machen wir auch.
Darum sind wir mit Balthasar
weggelaufen. Aber wir kommen
wieder. Wenn ihr eine gute
Idee habt. Alle Eltern sollen
sich treffen. Wenn euch was
einfällt, ruft uns an.
Ich habe ~~[illegible]~~ unser
Handy eingepackt.
Moritz und Felix sind
auch weggelaufen.
Wir alle zusammen.

Ich hab dich lieb, deine Jo!!!!!

PS: liebe Mama, hab keine
Angst. Balthasar passt auf uns
auf! Er ist der beste Hund der
Welt!!!!!!!!!

Jo's Mutter ließ sich auf den Schreibtischstuhl fallen. »Oh, Jo!«, seufzte sie. »Meine verrückte Jo! So ein Dickkopf!«
Einerseits war sie wütend auf ihre Tochter. Sie erinnerte sich an das Gespräch am Abendbrottisch. Und sie kannte ihre Jo gut, »Es würde mich nicht wundern, wenn es ihre Idee gewesen ist, wegzulaufen!«, dachte sie laut. Aber sie war auch erschrocken, denn so viel hatte sie verstanden: Die Kinder waren weggelaufen, weil sie ihrem vierbeinigen Freund helfen wollten, nicht um ihre Eltern zu ärgern.
»Aber ich werde Jo jetzt auf der Stelle anrufen und versuchen, vernünftig mit ihr zu reden. So geht es einfach nicht«, sagte sie energisch. Sie ging ans Telefon und wählte die Handynummer. Sie musste es lange klingeln lassen, ehe sie Jo's Stimme hörte.
»Mama? Bist du das?«, fragte Jo unsicher.
»Ja, hier ist Mama. Jo, bitte, hört mit dem Unfug auf und kommt nach Hause, dann können wir in Ruhe über alles reden!« Die Stimme ihrer Mutter klang ernst.
»Habt ihr euch schon getroffen? Habt ihr schon eine Idee für Balthasar?«, wollte Jo wissen.
»Nein, Jo. Ich habe eben erst deinen Brief gefunden. Kind, sei doch vernünftig, bitte. Ihr müsst zurückkommen.«
Jo schluckte. »Nein. Erst wenn ihr einen neuen Plan für Balthasar habt!«, antwortete Jo schließlich trotzig. Dann legte sie auf.
»Jo, halt, hör zu … wo seid ihr denn? Jo! Verflixt noch mal! Sie hat das Handy ausgemacht! Was mache ich

nur?«, dachte Frau Bremer. »Ich muss auf alle Fälle die Telefonnummer von Felix' Eltern finden, wir sollten uns wohl tatsächlich alle treffen.«
Da lag das Blatt mit den Telefonnummern, aber zuerst telefonierte sie mit den Eltern von Moritz.
»Hier ist wieder Bremer. Frau Wachter, setzen Sie sich am besten erst einmal hin. Ich habe eben in Jo's Zimmer einen Brief gefunden …«, begann sie.
»Danke, dass Sie anrufen, Frau Bremer. Ja, ich habe inzwischen auch einen Brief gefunden. Moritz hat ihn auf sein Bett gelegt. Was sagt man nun dazu. Was fällt den Kindern nur ein? Weggelaufen! Ich bin völlig durcheinander! Mein Mann sagt, wir sollten die Polizei verständigen, man muss die Kinder suchen lassen!«
»Nein, nicht so hastig, Frau Wachter, ich habe eben versucht, mit Jo zu sprechen, sie hat unser Handy dabei. Aber sie wollen nicht zurückkommen. Es geht ihnen wirklich um den Hund, sie lieben ihn sehr. Ich denke, wir sollten uns alle bei uns hier treffen. Ich rufe die Eltern von Felix auch an, vielleicht sagen sie auch Herrn Schneider Bescheid.«
»Ja, tun Sie das. Wir kommen in zehn Minuten rüber, ich habe eben noch einen Kuchen im Backofen. Meine Güte, ausgerechnet heute. Was fällt den Kindern nur ein!«, stöhnte Frau Wachter wieder, dann legte sie auf.
Frau Bremer sprach mit den Eltern von Felix, die ebenso aufgeregt waren wie sie selbst. Sie versprachen, gleich zu ihr zu kommen und auch Herrn Schneider mitzubringen. Eben hatte sie den Hörer aufgelegt, da klingelte das Telefon auch schon wieder.

»Bremer!«, meldete sich Jo's Mutter erschöpft.
»Hallo, Ellen, hier ist Laura! Wie geht's dir? Ich habe gedacht, ich könnte doch schon heute zu euch kommen, du hast doch bestimmt noch einiges vorzubereiten, stimmt's?«
»Oh Laura! Ja, bitte, komm ganz schnell her!«, bat Ellen Bremer ihre Schwester.
»Ellen, ist alles in Ordnung? Du klingst so seltsam!«, fragte Laura erschrocken.
»Ob was los ist? Das kann man wohl sagen! Jo und ihre Freunde sind mit Balthasar weggelaufen!«
»Jo ist weggelaufen?«, klang Lauras ungläubige Stimme durchs Telefon.
»Ja, sie hat mir einen Brief geschrieben. Warte, ich hole ihn, hör zu: Liebe Mama, sei mir nicht böse ...«
Sie las ihrer Schwester den ganzen Brief vor. Laura war sprachlos.
»Ich habe schon versucht, sie am Handy zu überreden heimzukommen, aber du kennst sie ja! Sie ist störrisch wie ein Esel«, seufzte Jo's Mutter.
»Puh! Du meine Güte! Die meinen es ernst, stimmt's? Wissen die anderen Eltern schon Bescheid? Ellen, ich setze mich sofort ins Auto, in einer knappen halben Stunde bin ich bei dir! Und bitte: Unternehmt noch nichts. Mir kommt da so ein Gedanke ... Aber eines sag ich dir: Eure Kinder sind verflixt mutig! Also bis gleich!«
Ellen legte auch auf. »Verflixt mutig!«, dachte sie, »du hast gut reden!«
Dann rief sie Jo's Vater an und erzählte ihm die Neuigkeiten. Auch er war erschrocken und kam sofort.

Nach und nach trafen alle ein. Neumanns hatten Herrn Schneider mitgebracht. Alle waren sehr aufgeregt und redeten durcheinander. Die Väter waren dafür, die Polizei einzuschalten. Herr Schneider machte sich Vorwürfe, den Kindern an diesem Tag noch einmal den Hund anvertraut zu haben.
Dann schaltete sich Laura in die Diskussion ein. Sie hatte die ganze Zeit in Ruhe zugehört. »Also, ich möchte auch mal gerne etwas sagen. Ich kann sehr gut verstehen, dass Sie alle auf der einen Seite besorgt und auf der anderen Seite einfach nur wütend sind auf Ihre Kinder. Aber vielleicht denken wir für ein paar Minuten einfach mal nur an die Kinder. Wie müssen sie sich in den letzten Tagen gefühlt haben? Jo hat vor zwei Tagen mit mir telefoniert. Sie hatte sehr gehofft, dass ich eine Idee habe, die Balthasar vor dem Tierheim bewahren könnte. Sie war wütend und enttäuscht, als ich ihr nicht helfen konnte. Ich glaube aber, vor allem war sie sehr verzweifelt.
Wenn wir die Kinder jetzt mit der Polizei suchen lassen, dann bekommen wir sie wieder. Sicher. Aber dann werden sie von den Menschen, denen sie vertrauten, enttäuscht sein. Eigentlich trauen sie uns nämlich zu, dass wir eine gute, eine bessere Lösung für Balthasar finden. Ich finde, wir sollten sie nicht enttäuschen. Wir sollten uns wenigstens Gedanken machen.«
Sie schaute in die schweigende Runde. Die Eltern nickten zustimmend.
»Also gut«, sagte Jo's Mutter. »Aber ich werde jetzt die Gruppenleiterin anrufen und unsere Kinder für die

Probe entschuldigen.« – »Und ich koche inzwischen für alle einen Kaffee!«, beschloss Laura.

Nun begann die schwierige Beratung. Wer könnte Balthasar aufnehmen? Sie fragten sich, ob es nicht doch eine andere Lösung geben könnte, als ihn in ein Tierheim zu bringen. Dann war noch die Frage, ob Herr Schneider in ein paar Monaten so gesund sein würde, dass er selbst Balthasar wieder bei sich haben könnte.

Laura hatte sich seit dem Telefongespräch mit Jo auch ihre Gedanken gemacht. Sie kannte einen Mann in ihrem Ort, der immer wieder Tiere zur Pflege aufnahm. Als Laura erzählte, dass es die Tiere dort sehr gut hätten, beschlossen alle, dass Laura dort anrufen solle. Die Eltern hofften sehr, dass sich hier eine Möglichkeit zeigen würde.

Als Laura vom Telefon zurückkam, strahlte sie übers ganze Gesicht.

»Wir haben Glück, Herr Wieland hat für zwei bis drei Monate einen Platz für einen Hund frei. Ich habe ihm versprochen, Balthasar regelmäßig mitzunehmen, wenn ich mit Momo spazieren gehe. Das wird ihn entlasten. Nun schlägt Herr Wieland vor, dass Herr Schneider sich möglichst rasch bei ihm melden soll, damit die Herren sich kennenlernen können! – Das ist doch immerhin ein Anfang!«

Die Erleichterung stand allen deutlich ins Gesicht geschrieben.

Abenteuer im Wald

Jo, Moritz, Felix und Balthasar wanderten inzwischen weiter.
Ob die Erwachsenen wirklich eine Lösung finden würden?
Immer wieder kreisten ihre Gedanken darum. Hatten sie bis zum Abend eine Idee? Die Möglichkeit, dass den Erwachsenen nichts einfallen würde, durfte einfach nicht eintreten.
An eine Übernachtung im Wald mochten die Kinder nicht denken! Nur Balthasar schien von der ganzen Aufregung, die es um seinetwillen gab, nichts zu spüren. Ausgelassen tobte er zwischen den Kindern herum.
Dann wurde es Zeit für eine kleine Rast, jeder bekam aus dem Vorrat ein Wurstbrötchen. Jo schlug vor, mit Balthasar das Fährtensuchspiel zu spielen. Einer musste den Weg vorauslaufen und sich verstecken und Balthasar sollte die anderen dann zu ihm führen.
»Klasse!«, fand Moritz. »Aber erstmal muss ich was essen. Wandern macht ganz schön hungrig. Hätt' ich nicht gedacht.«
»Du hattest doch noch mehr Kekse eingepackt, wo sind die denn?«, fragte Moritz, nachdem er sein Brötchen gegessen hatte.
»Nix da!«, gab Jo energisch zurück. »Die bleiben, wo sie sind, wir wissen nicht, wie lange wir noch unter-

wegs sind. Unser Proviant muss gut eingeteilt werden!«
Felix sah sie erschrocken an. »Glaubst du, unsere Eltern brauchen noch lange? Ich will nicht im Wald übernachten, Jo!«
»Nein, Felix!«, beruhigte Jo ihn. »Mach dir keine Sorgen. Aber es kann vielleicht bis heute Abend dauern.«
Jo sprang auf. »He, jetzt keine Trübsal blasen! Auf geht's, Freunde! Wer versteckt sich als Erster?«

Moritz wollte der Erste sein. »Ich bin zwar noch nicht richtig satt geworden …«, meinte er mit einem anklagenden Blick zu Jo.
»Na, umso besser!«, gab sie zurück. »Wenn Balthasar dich nicht erschnüffelt, hört er wenigstens, wie dein Magen knurrt!«
Wie zur Bestätigung bellte Balthasar einmal kurz. Darüber mussten alle lachen.
Moritz machte sich auf den Weg. Er lief ein Stück geradeaus, dann bog er vom Weg ab. Er lief zwischen den Bäumen hindurch, kroch durch das Unterholz und versteckte sich bei einem Holzstapel. Dort wartete er, ob Balthasar ihn finden würde. Inzwischen zog er einen Müsliriegel aus der Jackentasche.
»Es ist doch immer gut, wenn man eine Notration dabeihat! Für alle Fälle …«, sagte er zu sich selber, packte den Riegel aus und biss hinein. Jo und Felix hatten einige Minuten gewartet. Dann machten sie sich auf die Suche. Balthasar lief voraus, die Nase immer dicht am Boden. Von Zeit zu Zeit blieb er stehen, drehte sich nach Jo und Felix um und führte sie

schließlich zu dem versteckten Moritz. Zur Belohnung bekam er einen Leckerbissen.
»Ein gutes Versteck!«, lobte Jo. »Alleine hätten wir dich nicht gefunden!«
»Braver Balthasar!« Felix kraulte den Hund. »Du bist ein guter Spürhund!«
Sie gingen zurück auf den Waldweg und folgten wieder eine Weile dem Wegzeichen.
Als Nächster kam Felix an die Reihe. Er lief den Weg sehr weit voraus, bog dann an einer kleinen Abzweigung ab, fand nach einigen Metern einen Hochsitz und stieg hinauf. Gespannt saß er dort und wartete, ob die anderen ihn finden würden. »Wie lange sie wohl brauchen, bis sie mich gefunden haben?«, dachte Felix.
Er spähte durch die Astlöcher in der Wand des Hochsitzes. Als Erstes sah er Balthasar. Der Hund schnüffelte und blieb schließlich unter dem Hochsitz stehen. Aber es dauerte noch ein paar Minuten, bis auch Moritz und Jo ihn gefunden hatten. Außer Atem schauten sie zu ihm hinauf. Oben stand Felix und winkte. »Kommt hoch!«, rief er. Das ließen sie sich nicht zweimal sagen. Nur Balthasar musste unten warten. Er legte sich zufrieden unter den Hochsitz und ruhte sich aus.
Der Hochsitz war klasse! Eine richtige kleine Hütte – nur dass sie auf Stelzen stand. Von hier aus hatten sie einen guten Blick auf eine schöne Lichtung.
»Wie ein richtiger Wehrturm bei einer alten Burg ist das hier!«, meinte Felix. Und schon waren sie mitten im Spiel.

Inzwischen war es bereits später Nachmittag geworden. Moritz hatte schon wieder Hunger und so teilten sie die restlichen Vorräte aus ihren Rucksäcken auf. Wie gut, dass sie daran gedacht hatten, genug zum Essen und Trinken mitzunehmen.
»Ich hoffe nur, meine Eltern sind nicht stinksauer!«, sagte Moritz und kaute an seinem Apfel.
»Das hoffe ich auch!«, seufzte Felix.
»Kommt schon, sie werden sich etwas einfallen lassen. Sie sind doch viel mehr als wir«, versuchte Jo ihre Freunde aufzumuntern. Aber insgeheim war ihr auch nicht ganz wohl. Eine Weile saßen sie schweigend da.
»Auf geht's! Jetzt bin ich dran!«, rief Jo schließlich. »Ich will mich auch noch verstecken!«
»Jo, sollen wir nicht lieber nach Hause gehen?«, meinte Felix. »Sicher machen sie sich Sorgen. Wir sind doch jetzt schon lange genug weg.«
»Ja, Jo, ich finde, wir sollten zurücklaufen«, pflichtete ihm Moritz bei. Ihm taten schon die Füße weh. Außerdem machte es ihn unruhig, dass sich die Eltern noch nicht gemeldet hatten.
Jo machte ein langes Gesicht. Nein, sie wollte noch nicht aufgeben und zurückgehen.
»Erst verstecke ich mich noch, dann können wir immer noch nach Hause gehen. Einverstanden? Es dauert auch gar nicht lange! Haltet ihr nur Balthasar fest!«, bat sie.
Sie kletterte die Leiter herunter, Felix und Moritz folgten ihr und setzten sich zu Balthasar.
Jo lief los. »Na wartet! Diesmal mache ich es euch nicht so leicht!«, schwor sie sich. Sie war sauer. Auf die

Erwachsenen, weil ihnen anscheinend nichts einfiel, auf ihre Freunde, weil sie aufgeben wollten. Kreuz und quer lief sie zwischen den Bäumen herum.
Längst wusste sie nicht mehr genau, wo sie sich befand. Sie verließ sich ganz und gar darauf, dass Balthasar eine gute Spürnase war. Sie kletterte einen Abhang hinauf und rannte weiter. »Nur noch bis zu diesen Sträuchern dort drüben!«, dachte sie. »Dann suche ich mir ein gutes Versteck!« Sie bahnte sich einen Weg durch dornige Himbeersträucher. Da drüben wuchs üppig der Farn. Sie lief darauf zu, dann sprang sie und wollte sich mitten in den Farnwald plumpsen lassen – da gab die weiche Erde unter ihr nach.
Jo schrie auf und rutschte. Erde rieselte nach. Kleine Steine trafen sie. Ein stechender Schmerz durchzuckte ihren rechten Fuß. Alles war blitzschnell gegangen. Als sie wieder Boden unter sich spürte, sah sie sich um. Sie war in ein Erdloch gefallen. Eine Erdhöhle, die nur von einer dünnen Schicht Wurzeln, Erde und altem Laub bedeckt war. Als sie daraufgesprungen war, hatte es nachgegeben.
»Die alten Gänge beim Steinbruch!«, schoss es ihr durch den Kopf. »Bin ich wirklich so weit gelaufen?«
Da fühlte sie wieder den stechenden Schmerz in ihrem Fuß. Jo musste schlucken. Sie versuchte, den Fuß zu bewegen, aber er tat einfach nur scheußlich weh. Sie kämpfte mit den Tränen.
Dann versuchte sie, alle ihre Kraft zusammenzunehmen, um aus dem Erdloch wieder hinauszukommen. Sie konnte aber kaum über den Rand schauen. Sie versuchte, die Abbruchkante mit den Händen zu errei-

chen. Aber sie lag zu hoch. Ihre Finger griffen in die feuchte Erde und konnten keinen Halt finden. Jo hätte sich auf die Zehenspitzen stellen müssen, aber ihr Fuß tat bei der kleinsten Bewegung höllisch weh.
Verzweifelt setzte sie sich wieder hin. Was sollte sie nur tun?
»Aber die anderen müssen doch bald kommen und mich finden!«, hoffte sie.

Moritz, Felix und Balthasar hatten eine Weile gewartet. Dann nahmen sie Balthasar an die Leine und gingen zurück auf den Wanderweg, weiter in den Wald hinein. Balthasar zog schon bald an der Leine, er wollte in das Unterholz hinein. Doch die Jungen wollten ihm nicht folgen.
»Hier kann Jo unmöglich schon abgezweigt sein, überall sind Dornenbüsche!« Aber sie hatten sich getäuscht. Genau hier war sie vom Weg abgegangen und durch die Hecken gestiegen. Es dauerte gar nicht lange, da kamen die Jungen an eine Wegkreuzung.
»Sicher hat Jo irgendwo einen Pfeil gelegt!«, meinte Moritz, aber sie fanden nicht den kleinsten Hinweis. Ratlos standen sie da.
Felix leinte den Hund ab: »Balthasar, hör zu: ›Such Jo!‹«
Balthasar bellte und wedelte mit dem Schwanz. Er schnüffelte am Boden, rannte hierhin, rannte dorthin, aber er fand keine Spur.
»Was ist nur mit ihm los?«, wunderte sich Felix. »Er ist doch sonst so schnell?« Schließlich entschlossen sie sich, eine der beiden Richtungen zu probieren.

Jo wartete. Es war feucht und ungemütlich in ihrer Erdgrube.
»Wo bleiben sie denn nur?«, dachte sie. »So lange kann es doch eigentlich gar nicht dauern, bis sie mich finden?«
Ihr Fuß war mittlerweile angeschwollen und schmerzte.
»Und was mache ich, wenn sie mich nicht finden?«, schoss es ihr durch den Kopf. »Bloß nicht daran denken. Aber ich habe ja noch für alle Fälle mein Handy!«, beruhigte sie sich selber.
»Warum hat Mama noch nicht angerufen? Ob den Erwachsenen doch nichts eingefallen ist?« Jo zog das Handy aus dem Rucksack.
Die Zeit kroch dahin wie eine Schnecke. Schließlich hielt sie es nicht mehr länger aus. Sie wollte ihre Mutter anrufen. Zum Glück fand sie auch gleich die eingespeicherte Nummer. Erleichtert drückte Jo auf die Taste mit dem grünen Punkt.
Es gab nur ein kurzes Geräusch. Jo schaute auf die Anzeige. »Keine Verbindung« stand dort. Verzweifelt probierte Jo noch einmal. Das durfte doch nicht wahr sein, nicht jetzt! Schließlich musste sie es aufgeben. Es gab keine Handyverbindung mitten im Wald.
Da verließ sie aller Mut und sie fing an zu weinen.

Moritz und Felix liefen kreuz und quer durch den Wald. Immer wieder riefen sie nach Jo. Es fing schon an, dämmrig zu werden. Den beiden Jungs war es nicht wohl. Sie mussten sich eingestehen, dass sie sich verirrt hatten.

Da bemerkten sie plötzlich, dass Balthasar verschwunden war. Eben hatten sie ihn doch noch zwischen den Bäumen gesehen. Sie riefen ihn, aber er kam nicht. Erschrocken und ratlos sahen sie sich an. Was nun? Jo war unauffindbar, Balthasar verschwunden, sie selbst hatten sich verirrt und bald würde es dunkel sein. Sie sahen sich an, beide kämpften mit den Tränen. Das hatten sie nicht gewollt.

Zu ihrem Glück waren die beiden, ohne es zu merken, im Kreis gelaufen. Sie rannten weiter, immer den Weg entlang. Da kamen sie an dem Wanderwegweiser vorbei, der ihnen den Weg nach Hause, nach Wiesenthal, wies. Erleichtert sahen sich die Jungen um, diesen Platz erkannten sie wieder. Hier waren sie am frühen Mittag gewesen. Die Fahrräder lagen nicht weit entfernt im Gebüsch.

»Moritz!«, entschied Felix. »Wir müssen nach Hause. Wir müssen Hilfe holen. Irgendetwas ist mit Jo passiert und Balthasar haben wir auch verloren!«

»Ja. Aber ich habe Angst. Wir haben so viel angestellt. Bestimmt schimpfen unsere Eltern, ich trau mich kaum heim!«

Felix ging es ähnlich. Aber sie mussten handeln. Auch wenn er sonst eher der Ängstlichere der drei war, jetzt übernahm er das Kommando.

»Moritz, wir wollten alle nicht, dass so etwas passiert. Aber jetzt müssen wir unbedingt Hilfe holen, denk an Jo. Hoffentlich hat Balthasar sie wenigstens inzwischen gefunden!«

Dann rannten die Jungen zum Waldrand. Sie fanden ihre Fahrräder und fuhren mit wild klopfenden Herzen, so schnell sie nur konnten, zurück in Richtung Wiesenthal.

Herr Schneider telefonierte mit Herrn Wieland. Er erkundigte sich ausführlich, wie Balthasar untergebracht sein würde. Sie kamen überein, dass sie es miteinander versuchen wollten. Laura würde auch helfen und die Kinder durften ab und an zu Besuch kommen, das würde auch ihnen den Abschied nicht so schwer machen.
Aber was würde sein, wenn Herr Schneider wieder aus der Kur zurückkam? Für diese Zeit mussten sie einen besonderen Plan machen. Jede Familie wurde hier gebraucht. Sie besprachen, wer den Morgenspaziergang und wer die Mittagsrunde übernehmen könnte. An den Nachmittagen würden die Kinder gerne mithelfen.
Herr Schneider war gerührt. Damit hatte er nicht gerechnet. Er hoffte, recht bald wieder ohne Schmerzen gehen zu können. Dann würde die viele Hilfe nicht mehr nötig sein.

Inzwischen war es schon später Nachmittag geworden.
»Also, wenn wir alles so weit geklärt haben, rufe ich jetzt Jo an. Ich finde, wir haben eine gute Lösung gefunden!«, entschied Jo's Mutter.
»Eine sehr gute sogar!«, stimmten ihr die anderen Eltern zu.
Frau Bremer ging zum Telefon und wählte die Handynummer. Sie freute sich schon darauf, ihrer Tochter

alles zu erzählen. Sie ließ das Telefon mehrere Male klingeln, aber Jo meldete sich nicht.
»Jo, bitte nimm ab!«, flüsterte ihre Mutter beschwörend. Aber das Einzige, was sie hörte, war: »Ihr Anruf kann zurzeit leider nicht entgegengenommen werden.«
»Das darf nicht wahr sein!«, stöhnte sie.
Als Frau Bremer zu den anderen zurückkam, machte sie ein ernstes Gesicht. »Ich kann Jo nicht erreichen. Ich verstehe das nicht.«
Die anderen sahen sie besorgt und erschrocken an.
»Ich habe heute doch schon mit ihr am Handy gesprochen! Warum geht sie denn jetzt nicht dran?« Sie war sehr besorgt.
»Dafür gibt es eigentlich nur zwei Gründe, die ich mir denken kann«, meinte Jo's Vater. Sie hat das Handy ausgeschaltet – aber das glaube ich nicht. Oder sie befindet sich in einem Funkloch. Dein Anruf kommt bei ihr nicht an.«
Die Eltern sahen sich betroffen an.

»Jetzt reicht es mir!« Herr Wachter, der Vater von Moritz, sprang auf. »Ich habe mich darauf eingelassen, einen Plan zu machen, um Balthasar zu helfen. Gut. Den haben wir jetzt. Aber wenn wir die Kinder nun nicht erreichen können, bin ich dafür, die Polizei zu informieren. Es ist immerhin schon später Nachmittag.«
»Wenn wir die Polizei informieren, dann sollten wir ihnen einen Tipp geben können, wo sie suchen sollen«, gab Laura zu bedenken. »Ich kann mir vorstellen,

wohin sie gegangen sind. Sie haben doch ihre Fahrräder dabei, stimmt's?«
Alle nickten.
»Ich bin einmal mit Jo und Momo zur alten Sägemühle gefahren. Ich könnte mir vorstellen, dass die Kinder über den Feldweg dorthin geradelt sind. Jo wird sich an das Waldstück erinnert haben, man kann dort gut Verstecken spielen. Wahrscheinlich sind sie dort einfach ein Stück gelaufen. Vielleicht haben sie sich dann an der alten Grillhütte im Wald versteckt. Ob wir nun die Polizei benachrichtigen oder nicht, dort würde ich auf alle Fälle anfangen zu suchen. Und Momo wird mir dabei helfen.«
Nun musste ein weiterer Plan her. Herr Wachter benachrichtigte die Polizei. Er vereinbarte als Treffpunkt den Wanderparkplatz bei der alten Sägemühle. Die Polizei bat darum, dass die Eltern Fotos der Kinder mitbringen sollten.
Die Mütter packten etwas zu essen und warmen Tee ein, auch Wolldecken wurden vorsorglich in die Autos gelegt. Es wurde schon merklich kühler. Dann fuhren alle zum Waldrand. Dass sich der Wald bis zum stillgelegten Steinbruch hin erstreckte, war jedem klar. Im Stillen hofften sie alle, dass ihre Kinder nicht so weit gelaufen waren.

Als sie in den Feldweg einbogen, kamen ihnen Moritz und Felix entgegen. Die Autos bremsten und hielten am Feldrand an. Die Eltern sprangen aus den Wagen und liefen auf ihre Kinder zu. Moritz und Felix warfen ihre Räder hin und liefen ihren Müttern in die Arme.

»Wo ist Jo?«, rief Frau Bremer erschrocken, als sie sah, dass die beiden alleine gekommen waren.
Alle umringten die beiden Jungen. Erschöpft und verzweifelt berichteten sie, wie sie Jo und schließlich auch Balthasar verloren hatten. Sie erzählten, wie sie selber im Wald umhergeirrt waren und nur durch Zufall wieder hinausgefunden hatten. Ihre Mütter wickelten die beiden in die Wolldecken und packten sie ins Auto. Die Fahrräder wurden in einem der Kofferräume verstaut. Dann fuhren sie alle zur alten Sägemühle. Kurz darauf traf auch die Polizei dort ein.
Jo's Eltern waren in großer Sorge. Was konnte nur passiert sein? Auch Herr Schneider konnte sich nicht erklären, wo Balthasar geblieben war. »Er streunt nie herum, das ist nicht seine Art!«, bekräftigte er.

Von all dieser Aufregung hatte Jo nichts mitbekommen. Sie saß noch immer in dem Erdloch fest und kam nicht heraus. Zum Glück war noch etwas Proviant im Rucksack, aber wie lange würde es dauern, bis man sie hier finden würde?, dachte sie verzweifelt.
Da hörte sie in der Ferne Hundegebell. Es kam näher.
»Balthasar! Balthasar! Hier bin ich, hier unten!«, rief Jo, so laut sie konnte.
Endlich konnte sie seine blanke schwarze Schnauze an der Abbruchkante sehen.
»Balthasar!«, rief Jo erleichtert. »Wo sind Felix und Moritz?« Balthasar bellte und sprang zu Jo hinunter. Er leckte ihr die Hand und begrüßte sie stürmisch. Jo umarmte ihn glücklich. Jetzt mussten sicherlich bald

die Gesichter ihrer Freunde am Rand der Erdgrube auftauchen.
»Balthasar, endlich hast du mich gefunden! Ich wusste, du schaffst es!« Es tat so gut, ihr Gesicht in das wuschelige warme Fell des Hundes zu stecken. Wieder kamen ihr die Tränen.
Aber wo blieben Moritz und Felix? Sie rief ihre Namen, aber es kam keine Antwort.
»Die Jungen, Balthasar, wo sind die Jungen?« Sie sah ihn erschrocken an. Aber die Freunde kamen nicht. Da begriff Jo, dass Balthasar alleine gekommen war. Irgendetwas musste passiert sein! Jo erschrak. Sie konnte nur hoffen, dass Moritz und Felix jetzt doch nach Hause gefahren waren, um Hilfe zu holen.
Am liebsten hätte sie dem Hund eine Nachricht mitgegeben, aber im Rucksack waren weder Stift noch Papier. »Was mache ich nur?«, grübelte sie.
Schließlich hatte sie eine Idee. Jo band sich ihr rotes Halstuch ab und knotete es Balthasar um. Sie wusste, die Jungen würden das Zeichen erkennen. Es bedeutete: Balthasar hat mich gefunden. Sucht mich, er wird euch den Weg zu mir zeigen. Dann hob sie den Hund hoch bis an den Rand des Erdlochs und gab ihm einen kräftigen Schubs.
»Lauf, Balthasar! Such die anderen, los, lauf schon!«
Balthasar blieb unschlüssig an der Abbruchkante stehen. Er schaute fragend zu ihr hinunter und jaulte.
»Ich kann nicht mitkommen, mein Fuß tut so weh. Selbst wenn ich hier rauskäme, ich könnte keine zehn Schritte tun. Lauf schon, Balthasar, bitte!«, beschwor ihn Jo. »Lauf zu Felix und Moritz. Führ sie zu mir, los!«

Da bellte Balthasar einmal, so als hätte er verstanden. Dann drehte er sich um und rannte los.
Jo ließ sich wieder auf den Boden ihres Erdlochs sinken. »Hoffentlich geht das gut«, dachte sie. Jetzt blieb ihr nichts anderes übrig, als abzuwarten. Sie fühlte sich sehr einsam, jetzt, da Balthasar wieder weg war. Es war kühler geworden. Jo zog ihre Jacke enger um sich. Ihr Fuß tat weh und sie wollte nur noch eines: zurück nach Hause.

Die Erwachsenen, die Kinder und die Polizisten standen am Waldrand und berieten sich. Felix und Moritz mussten ihnen den Weg zeigen, den sie gegangen waren. Da wurde Momo unruhig, sie rannte laut bellend in den Wald hinein. Dann blieb sie stehen und bellte wieder.
»Sie will uns etwas zeigen!«, rief Laura und eilte hinter ihr her. Die anderen folgten. Da hörten sie einen anderen Hund im Wald bellen. Es klang wie eine Antwort.
»Das ist Balthasar!«, rief Laura. »Seht doch, er kommt auf uns zu!«
»Er hat das Halstuch von Jo um den Hals!«, rief Ellen Bremer. »Ich kenne es genau! Moritz, Felix, hatte Balthasar es schon, bevor ihr Jo verloren habt?«
Die Jungen schüttelten den Kopf. »Nein, das wäre uns bestimmt aufgefallen.«
»Dann hat Balthasar Jo gefunden!«, rief Jo's Vater erleichtert. »Sie muss es ihm umgebunden haben!«
»Ja, aber aus irgendeinem Grund konnte sie ihm nicht folgen«, überlegte Laura. »Deswegen hat sie ihm ihr Halstuch umgebunden, als Zeichen!«

Balthasar lief wieder einige Schritte in den Wald hinein, dann blieb er stehen, bellte auffordernd und sah sich nach den anderen um. Momo folgte ihm.
»Die Hunde wollen uns zu ihr führen!«, riet Laura. »Wir müssen ihnen nur folgen!«
Ein Polizist wartete mit Herrn Schneider bei den Autos. Er sollte Funkkontakt mit seinen Kollegen halten, die sich mit den anderen auf die Suche machten. Laura und Herr Schneider versicherten, dass sie den Hunden vertrauten, sie würden sie bestimmt zu der vermissten Jo führen. Der vorsorglich mitgebrachte Polizeihund sollte zunächst einmal beim Auto warten.
»Also dann, worauf warten wir?«, sagte Laura und sah die Hunde an, die erwartungsvoll zu ihnen schauten. »Los, ihr beiden! Ihr wisst, was ihr zu tun habt: Sucht Jo!«
Die Hunde stürmten los. Die anderen folgten, so schnell sie eben konnten. Sogar die Jungen waren jetzt wieder munter. Sie wollten unbedingt dabei sein, wenn Jo gefunden wurde.
»Was ist ihr nur passiert«, seufzte Jo's Mutter.
»Das werden wir hoffentlich gleich herausfinden«, tröstete sie der Vater. »Aber ich mache mir auch große Sorgen.«
»Immerhin war sie so schlau, dass ihr die Sache mit dem Halstuch einfiel. Das hat sie sehr gut gemacht!«, nickte Laura anerkennend.

Immer wieder riefen alle Jo's Namen. Balthasar und Momo führten sie mitten durch den Wald, über Stock und Stein. Schließlich kamen sie an dem Abhang an,

den Jo hochgeklettert war. Die Hunde warteten schon oben. Jo's Eltern, Laura und ein Polizist kletterten hinauf, während die anderen verschnauften.
»Jo! Jo, hörst du uns?«, riefen ihre Eltern wieder.
»Mama, Papa!«, klang es endlich gedämpft. »Hier bin ich, hier!«

Gerettet!

Ihre Eltern liefen voran. Laura und einer der Polizisten folgten. Sie erreichten die Himbeersträucher, bahnten sich einen Weg hindurch und sahen ein weites Farnkrautmeer. Mitten darin standen die Hunde und bellten.

Aber von Jo war nichts zu sehen.

»Jo, wo bist du? Was ist passiert?«, rief ihre Mutter erschrocken und rannte los. Beinahe wäre sie auch in das Erdloch gerutscht, wenn Jo's Vater sie nicht im letzten Moment zurückgezogen hätte. Sie schauten in das Erdloch, das sich vor ihnen auftat. Dort hockte ihre Jo!

»Mama, Papa!«, rief Jo erleichtert.

Ihre Mutter beugte sich über den Rand. »Wir sind hier, Jo. Warte, Papa holt dich raus!«

Herr Bremer sprang hinunter, erleichtert umarmte Jo ihren Vater.

Dann hob er sie hoch, ihre Mutter und der Polizist zogen sie herauf. Dann half der Polizist Jo's Vater wieder nach oben. Schließlich standen sie da, hielten sich umarmt und weinten vor Erschöpfung und Erleichterung.

»Ist alles in Ordnung, Jo? Wir müssen zu den anderen zurück!«, sagte ihr Vater schließlich.

Jo verzog vor Schmerz das Gesicht. »Es geht nicht, Papa, ich kann mit dem rechten Fuß nicht auftreten.

Ich habe mir wehgetan, als ich in das Erdloch gefallen bin. Es tut so weh.«

Ihre Mutter zog ihr den Schuh aus und betastete den Fuß. Jo zuckte vor Schmerz zusammen. »Das sieht nicht gut aus, Jo. Der Fuß ist schon stark geschwollen. Wir werden dich tragen müssen.«

Laura hatte die Hunde wieder zu sich gerufen. Sie lobte und beruhigte sie. Jetzt kamen Jo mit ihren Eltern, der Polizist und Laura mit den Hunden langsam den Hang hinunter. Alle atmeten auf, sie hatten das Mädchen gefunden. Dann musste Jo erzählen, was geschehen war. »Ich wollte eigentlich nur ein richtig gutes Versteck finden, ich dachte, ich lande weich mit einem großen Satz im Farnkraut. Da gab der Boden plötzlich unter mir nach und ich rutschte hinunter.«

»Vermutlich hast du einen der alten Gänge erwischt. Wir sind hier ganz in der Nähe vom alten Steinbruch. Du hattest noch Glück, der Sturz hätte tiefer sein können!«, erklärte der Polizist.

»Ohne die Hunde hätten wir dich sicherlich nicht so schnell gefunden. Gut gemacht, Balthasar und Momo!«, seufzte ihre Mutter.

»Ich hatte ja versucht, euch mit dem Handy anzurufen, aber ich bekam keine Verbindung«, jammerte Jo kleinlaut.

»Kein Wunder, Jo«, erklärte ihr Vater. »Wir befinden uns hier in einem sogenannten Funkloch. Darum hast du uns nicht erreicht. Hier funktioniert allenfalls der Polizeifunk.«

»Und wir haben dich auch nicht erreicht!«, ergänzte ihre Mutter. »Aber jetzt sollten wir uns auf den Heimweg machen. Wenn wir zu Hause sind, erzählst du uns alles in Ruhe.«

Unterwegs funkten die Polizisten an ihren Kollegen, dass die Suche erfolgreich verlaufen sei. Sie forderten einen Krankenwagen an. Jo sollte so schnell wie möglich in die Ambulanz gefahren werden. Dort würde man ihren Fuß gründlich untersuchen. Die Männer trugen sie abwechselnd auf dem Rücken, bis sie bei den Autos ankamen. Unterwegs erzählten die Erwachsenen, dass sie eine gute Lösung für Balthasar gefunden hatten. Die Kinder waren erleichtert. Am Waldrand angelangt, sprang Balthasar freudig bellend auf sein Herrchen zu.

Der Krankenwagen wartete schon. Jo durfte es sich auf der Liege bequem machen. Ihre Mutter fuhr mit ihr ins Krankenhaus.

Das Fahrrad würden sie am nächsten Tag abholen.

Alle verabschiedeten sich voneinander, glücklich, dass das Abenteuer trotz allem noch so gut ausgegangen war.

»Wir sehen uns morgen in der Kirche«, sagten die Eltern zum Abschied.

Die Erstkommunion! Über all der Aufregung hatten die Kinder gar nicht mehr daran gedacht. Aber sie hatten doch gar nicht mit geübt! »Ihr werdet euren Platz schon finden, die anderen helfen euch sicherlich«, meinte Felix' Mutter.

»Darf ich Sie alle nach dem Fest und der Andacht am Abend noch zu mir in den Garten einladen?«, schlug Herr Schneider vor. »Ich möchte mich gerne bei Ihnen

allen bedanken. Außerdem wollen sich die Kinder bestimmt von Balthasar verabschieden.«
Das war eine gute Idee. Sie verabredeten sich für den kommenden Abend bei Herrn Schneider. Am Montag hatten die Kinder ohnehin schulfrei.
Die Polizisten verabschiedeten sich. Sie waren erleichtert, dass die Suchaktion erfolgreich gewesen war und Jo außer einer Verletzung am Fuß keinen schlimmeren Schaden davongetragen hatte.
Inzwischen war es Abend geworden. Die Jungen stiegen zu ihren Eltern in die Autos, sie waren hungrig und sehr müde.
Jo und ihre Mutter waren noch im Krankenhaus. Jo's Vater und Laura fuhren mit Momo in die Wohnung von Frau Bremer. Sie holten Sam bei der Nachbarin ab, auch für ihn war es höchste Zeit, um ins Bett zu gehen. Dann rief Jo's Mutter aus dem Krankenhaus an. Zum Glück war nichts gebrochen, aber bei dem Sturz hatte sie sich das Fußgelenk verstaucht.
»Eine schmerzhafte und langwierige Sache, hat der Arzt gesagt. Sie hat einen Salbenverband bekommen. Wenn die Schwellung zurückgeht, wird man ihr eine Schiene anpassen.«
»Dann kann ich euch jetzt abholen?«, fragte Jo's Vater.
»Ja, bitte. Allmählich spüren wir, wie hungrig und müde wir sind«, seufzte Jo's Mutter.
Während Herr Bremer die beiden vom Krankenhaus abholte, bereitete Laura das Abendessen vor. Erschöpft und hungrig kamen Jo und ihre Mutter aus dem Krankenhaus zurück. Beim Essen erzählte Jo, wie es ihr ergangen war. Nach dem Essen schickte ihre

Mutter sie unter die Dusche und half ihr, mit dem Verband zurechtzukommen. Danach wollte Jo nur noch eins: möglichst rasch schlafen!

Die Erstkommunion

Die Kinder konnten es kaum glauben, als sie am nächsten Morgen von ihren Eltern geweckt wurden. Moritz war noch halb in seinen Träumen gefangen. Er suchte mit Felix und Balthasar nach der verschwundenen Jo. Wie erleichtert war er da, als der Duft von frischen Brötchen in seine Nase stieg. Es war ja Sonntag und er war zu Hause in seinem Bett! Schnell sprang er auf und lief ins Badezimmer. Heute war ja das große Fest. Er schaute in den Spiegel. »Du liebe Zeit, das bin ich?«, durchfuhr es ihn.
Rasch fuhr er sich mit einem kalten Waschlappen durch das Gesicht und die Haare, putzte sich die Zähne und zog sich an. Danach eilte er zum Frühstückstisch, wo seine Eltern schon auf ihn warteten. Mmmh, warme Brötchen mit Marmelade!

Felix war es ähnlich ergangen. Als seine Mutter ihn weckte, schreckte er aus seinen Träumen auf.
»Balthasar!«, rief er. »Wo ist Balthasar?«
»Beruhige dich, Felix. Es ist alles in Ordnung. Balthasar ist bei Herrn Schneider. Steh auf, Felix, es ist Sonntag und dein Erstkommuniontag. Das Frühstück wartet schon auf dich.«
Seine Geschwister kamen herein und bestürmten ihn. Am Abend zuvor hatten sie ihn in Ruhe lassen müssen, jetzt gab es kein Halten mehr. Sie überschütteten

ihn mit Fragen. Aber seine Mutter schickte die Kinder erst einmal ins Badezimmer und erwartete sie dann beim Frühstück.

Jo wurde davon wach, dass Momo vor ihrem Hochbett stand und bellte. Sie rieb sich die Augen. Wo war sie? Was war gestern eigentlich passiert? Ein stechender Schmerz im rechten Fuß brachte die Erinnerungen schnell zurück. Die Flucht mit Balthasar, der Sturz in die Erdhöhle, das lange Warten und die glückliche Rettung …

»Und heute ist die Erstkommunion!«, schoss es ihr durch den Kopf. Sie versuchte langsam aufzustehen und stieg vorsichtig vom Bett runter. Ihre Mutter kam und half ihr beim Anziehen.

Am Frühstückstisch bewunderte Sam ihren Verband. Er hatte noch nicht ganz verstanden, was passiert war. Jo sah immer noch etwas müde und zerzaust aus, die Haare standen in alle Richtungen und bei dem Sturz hatte sie ein paar Schrammen im Gesicht und an den Händen davongetragen. Ihre Mutter versuchte, ihre wilden Haare zu bändigen. Sie seufzte.

Laura lachte: »Gib es auf, Ellen. So ist unsere Jo nun mal. Sie wird auch heute nicht glatt gekämmt sein!«

»Recht hat sie!«, dachte Jo. »Und Gott wird es bestimmt nicht stören …«

Vor der Kirche trafen sich die Kinder wieder. Auch die anderen hatten schon von dem Abenteuer gehört. Es hatte für einige Aufregung gesorgt, als Jo's Mutter bei der Gruppenleiterin angerufen hatte, um die Kinder

von der Probe zu entschuldigen. Jetzt waren alle froh, dass die Geschichte so gut ausgegangen war, und neugierig, mehr zu erfahren.
Aber da läuteten schon die Glocken und der Pfarrer kam, um die Kinder für den Einzug in die Kirche abzuholen. Er brachte sogar einen Rollstuhl für Jo mit, damit sie mit den anderen Kindern zusammen einziehen und ihre Kerze halten konnte.
Das aufgeregte Geflüster der Kinder verstummte, als sie nacheinander feierlich in die Kirche einzogen. Moritz und Felix schoben Jo gemeinsam in ihrem Rollstuhl. Viele Menschen in der Kirche drehten sich um und sahen sie an.
»Wie es Balthasar jetzt wohl geht?«, flüsterte Jo leise.
»Scht, Jo! Doch nicht jetzt!«, ermahnte sie Moritz.
»Es geht ihm gut, ich war heute früh noch schnell bei Herrn Schneider!«, flüsterte Felix seiner Freundin kaum hörbar ins Ohr. Dann hatten sie den Mittelgang durchschritten und blieben vor ihren Bänken stehen. Der Gottesdienst begann.

Sie sangen ihre Lieblingslieder aus den Gruppenstunden. Einige Kinder kamen nach vorne und lasen Gebetstexte.
Dann trat der Pfarrer an das Mikrofon: »Ich möchte euch eine Geschichte erzählen. Sie hat sich vor mehr als 2000 Jahren zugetragen.
Jesus kam in eine Stadt, er ging dort in ein Haus. Viele gelehrte Männer kamen hinzu, weil sie ihn reden hören wollten.

In dieser Stadt lebte auch ein Mann, der war sehr krank. Er war gelähmt. Tag und Nacht lag er auf seiner Matte und konnte sich nicht bewegen. Er war auf die Hilfe seiner Freunde angewiesen. Seine Lage war aussichtslos. Kein Arzt hatte ihm helfen können.
Da erzählten ihm seine Freunde, dass Jesus in der Stadt sei. Jesus, der den Menschen von Gott erzählte und der schon in anderen Städten Kranke gesund gemacht hatte.
Die Freunde beschlossen, ihrem kranken Freund zu helfen. Sie trugen den gelähmten Mann zu Jesus. Sie wollten ihn bitten, ihn gesund zu machen.
Als sie aber nun an dem Haus ankamen, ließ man sie nicht hinein. Könnt ihr euch ihre Verzweiflung vorstellen? Die Gelehrten in dem Haus wollten sie einfach nicht einlassen, sie wollten ihnen nicht helfen. Das Schicksal des kranken Mannes interessierte sie nicht.
Aber die Freunde gaben nicht auf. Sie fassten einen Plan, einen sehr ungewöhnlichen Plan. Sie stiegen auf das flache Dach des Hauses und begannen es abzudecken. Durch das Loch in der Decke ließen sie ihren Freund an Seilen herunter.
Vielleicht fragt ihr euch, ob es erlaubt war, einfach das Dach abzudecken. Ich habe mich das auch gefragt. Darüber steht nämlich nichts in der Bibel. Ich kann mir vorstellen, dass der Hausbesitzer nicht erfreut war. Sicher hat er Schadensersatz verlangt. Ganz sicherlich war es eigentlich nicht erlaubt. Aber sie wollten ihrem Freund helfen. Nur das zählte für sie. Und sie hatten Erfolg.«

Jo, Moritz und Felix schauten sich verlegen an. Fasziniert hatten sie zugehört. Dass so etwas in der Bibel stand!
Der Pfarrer sprach weiter: »Jesus sah den Kranken an, als er durch das Loch heruntergelassen wurde. Er sprach mit ihm und er machte ihn gesund. Zum Erstaunen aller und zur großen Freude der Freunde konnte der Mann das Haus auf seinen eigenen Füßen verlassen.
Manchmal muss man etwas Ungewöhnliches wagen, wenn man seinem Freund helfen will«. Der Pfarrer schaute Jo, Moritz und Felix an.
Die Freunde nickten, sie hatten verstanden.
»Und man muss darauf vertrauen, dass dem Freund dann auch geholfen wird. Die Freunde hatten Jesus vertraut und er hat sie nicht enttäuscht.«
»Wir hatten Jesus auch vertraut, als wir vor ein paar Tagen die Kerzen hier angezündet haben«, dachte Jo. »Ob er uns geholfen hat?«
Der Pfarrer sprach weiter: »Jesus will auch euer Freund sein. Er lädt auch euch ein. Heute, an diesem besonderen Tag, eurer Erstkommunion, lädt er euch ein, zu ihm zu kommen und seine Freundschaft anzunehmen.«

Jo, Moritz und Felix dachten an den vergangenen Tag. Sie waren einfach davongelaufen, das war sicherlich nicht richtig gewesen. Ihre Eltern hatten sich große Sorgen um sie gemacht. Das wussten sie nun. Aber sie hatten es für ihren Freund getan, für Balthasar. Sie wollten niemanden ärgern, aber sie hatten einfach nicht mehr weitergewusst. Zum Glück war alles gut gegangen. Den Erwachsenen war eine bessere Lösung für Balthasar eingefallen. Vielleicht war es ja tatsächlich so, dass Gott ihre Gebete erhört hatte, als sie das letzte Mal in der Kirche waren, und er hatte ihnen allen geholfen. Sogar Balthasar.

Nach dem Gottesdienst wurden alle Kinder fotografiert. Dann schoben Moritz und Felix wieder ihre Freundin aus der Kirche hinaus. Freudiges Gebell erwartete sie.
»Balthasar!«, riefen die drei wie aus einem Munde.
Was für eine Freude! Laura hatte den Hund abgeholt, um die Kinder zu überraschen. Das war ihr gelungen! Die Freunde stellten sich für ein Foto auf, Balthasar musste natürlich mit aufs Bild! Jo hielt sich an Moritz und Felix fest, die ihre Arme um sie gelegt und sie in die Mitte genommen hatten. Glücklich strahlten alle in die Kamera. Jo war etwas zerzaust, mit Kratzern im Gesicht, ihnen allen war noch anzusehen, welche Aufregung hinter ihnen lag. Aber sie waren auch mächtig froh und strahlten um die Wette in die Kamera.

Am Abend trafen sich alle Familien wie versprochen bei Herrn Schneider. Immer wieder mussten die Kinder erzählen, wie sie ihr Abenteuer geplant hatten. Und die Eltern konnten in Ruhe mit ihnen darüber sprechen, in welche Gefahren sie sich begeben hatten. Jo erzählte, wie es zu dem Unfall gekommen war und wie sie alleine in dem Erdloch gewartet hatte. Alle

waren dankbar, dass es so ein gutes Ende genommen hatte.
Noch am gleichen Abend brachte Laura Balthasar zu Herrn Wieland. Die Kinder durften ihn am nächsten Wochenende dort besuchen.
So war doch noch einmal alles gut ausgegangen.

... und alles wegen Balthasar

Jo seufzte. Sie saß auf ihrem Bett und schaute wieder das Foto an.
In ihrer Erinnerung hatte sie noch einmal all die Augenblicke dieses spannenden Abenteuers durchlebt. War das eine Aufregung gewesen! Beinahe wäre ihre ganze Erstkommunion ins Wasser gefallen!
Ob es sich gelohnt hatte: all die Aufregung, der schmerzende Fuß, das Warten allein im feuchten, kalten Erdloch?
Ja, es hatte sich gelohnt. Alles.
Balthasar ging es gut. Er hatte sich bei Herrn Wieland gut eingelebt, Laura ging jeden Tag mit ihm und Momo spazieren. Die Hunde hatten viel Spaß miteinander. Die Kinder hatten ihn sogar schon ein paar Mal dort besucht.
Herr Schneider hatte die Operation gut überstanden. Erst gestern war ein Brief aus der Kurklinik gekommen, er freue sich schon sehr auf zu Hause, schrieb er darin – auf Balthasar und die Kinder.
»Denn wenn er erst einmal wieder zurück ist, dann werden wir ja alle gemeinsam helfen, damit Balthasar wieder zu Hause sein kann!«, erinnerte sich Jo.
»Und meine Schrammen sind auch alle verheilt«, dachte sie fröhlich. »Nur der Fuß tut noch manchmal etwas weh, aber das vergeht wieder.«

Dann hängte sie das Foto wieder an seinen Platz über ihrem Bett.
»Ja, das war eine Aufregung! … und alles wegen Balthasar!«